临淄山王村汉代兵马俑

山东省文物考古研究所

临淄区文物管理局 编著

韩伟东 魏成敏 王会田

文物出版社

图书在版编目（CIP）数据

临淄山王村汉代兵马俑 / 山东省文物考古研究所，淄博区文物管理局编著. -- 北京：文物出版社，2017.3

ISBN 978-7-5010-4914-1

Ⅰ.①临…　Ⅱ.①山…　②淄…　Ⅲ.①汉墓—陶俑—淄博—汉代　Ⅳ.①K878.9

中国版本图书馆CIP数据核字（2017）第032598号

临淄山王村汉代兵马俑

编　　著：山东省文物考古研究所
　　　　　临 淄 区 文 物 管 理 局
　　　　　韩伟东　魏成敏　王会田

封面设计：秦　彧
责任编辑：秦　彧
责任印制：梁秋卉
器物摄影：宋　朝

出版发行：文物出版社
社　　址：北京市东直门内北小街2号楼
邮　　编：100007
网　　址：http://www.wenwu.com
邮　　箱：web@wenwu.com
经　　销：新华书店
印　　刷：北京鹏润伟业印刷有限公司
开　　本：889mm×1194mm　1/16
印　　张：19
插　　页：1
版　　次：2017年3月第1版
印　　次：2017年3月第1次印刷
书　　号：ISBN 978-7-5010-4914-1
定　　价：360.00元

编辑委员会

主　任：郑同修

副主任：毕国鹏

目　录

临淄山王村汉代兵马俑

iii

目
录

插图目录

临淄山王村汉代兵马俑

彩版目录

vi

临淄山王村汉代兵马俑

彩版目录

临淄山王村汉代兵马俑

壹　概述

2007 年，山东省淄博市临淄区齐鲁塑编厂生活区在扩建改造工程中发现 1 座汉代大型兵马俑坑，山东省文物考古研究所与临淄区文物管理局随即进行抢救发掘，共出土陶楼房、陶车马、陶俑以及各类器物 516 件（套）。

一　地理环境

山王村兵马俑坑地处山东省淄博市临淄区辛店街道办事处山王村东北约 180 米，其东临淄河，南依群山，西侧有两汉时期的齐国王陵区，北与临淄齐国故城相距约 5.5 千米（图一）。

俑坑规模较大，应是大型墓葬的陪葬坑。其南侧不远处即为胶济铁路，当地村民介绍，过去俑坑南侧不远处有大冢子（墓葬封土堆），后期因修铁路被占压破坏。目前临淄齐故城周围仍分布有 150 余座大型墓葬的封土堆[1]，时代包括周代和汉代，统称为临淄墓群，1977 年公布为山东省重点文物保护单位，2013 年公布为国家级重点文物保护单位。据《中国临淄文物考古遥感影像图集》提供的资料，20 世纪 30 年代，当时的胶济铁路北侧有 1 座圆形土堆，大概是墓葬的地上封土。这座位于山王村俑坑南侧带有封土堆的大型墓葬，应属临淄墓群，编号为临淄墓群 38-282 号[2]，山王村俑坑与该墓葬相距不远，或是该墓的陪葬坑。

山王村兵马俑坑所处的地理环境十分优越，东部及东南部为淄河环绕。淄河，古代亦称淄水，是历史上有名的河流，周代齐国的都城临淄城即因东临淄河而名之。淄河发源于泰沂山之东北部鲁山山脉，由鲁中山地进入北部平原，流经淄博市的沂源县、博山区、淄川区、临淄区和潍坊市的青州市，经东营市的广饶县汇入小清河而入渤海。淄河宽 850~1500 米，支流多，河岸峰高，落差大，行洪快，最大流量达 2030 立方米 / 秒，是山东北部主要的河流之一。

俑坑南侧即为胶济铁路，越过铁路不远即为鲁中丘陵山地，其东南隔淄河与牛山相望。牛山为临淄古代历史上的名山，山峰虽不高大，却久负盛名。《晏子春秋》有"齐景公游于牛山"的记载。明清时期和民国初年，山顶仍保留有宏伟的庙宇建筑，古柏蓊蓊郁郁，今庙宇圮废。山北有大型封土墓葬 1 座，相传为齐相管仲之墓。西北麓多泉水，其最大一处五泉并出，泉水流入淄河，又称天齐渊，传自汉代以来称之为天下之中的天主祠所在。牛山东侧即为全国重点文物保护单位"田齐王陵"，属于战国时期齐国田氏王陵区，六座陵墓依山而建，气势宏伟，享有东方"金字塔"之美誉。

---

[1] 山东省文物考古研究所：《临淄齐墓（第一集）》，文物出版社，2007 年。
[2] 山东省文物考古研究所：《中国临淄文物考古遥感影像图集》，山东省地图出版社，2000 年。

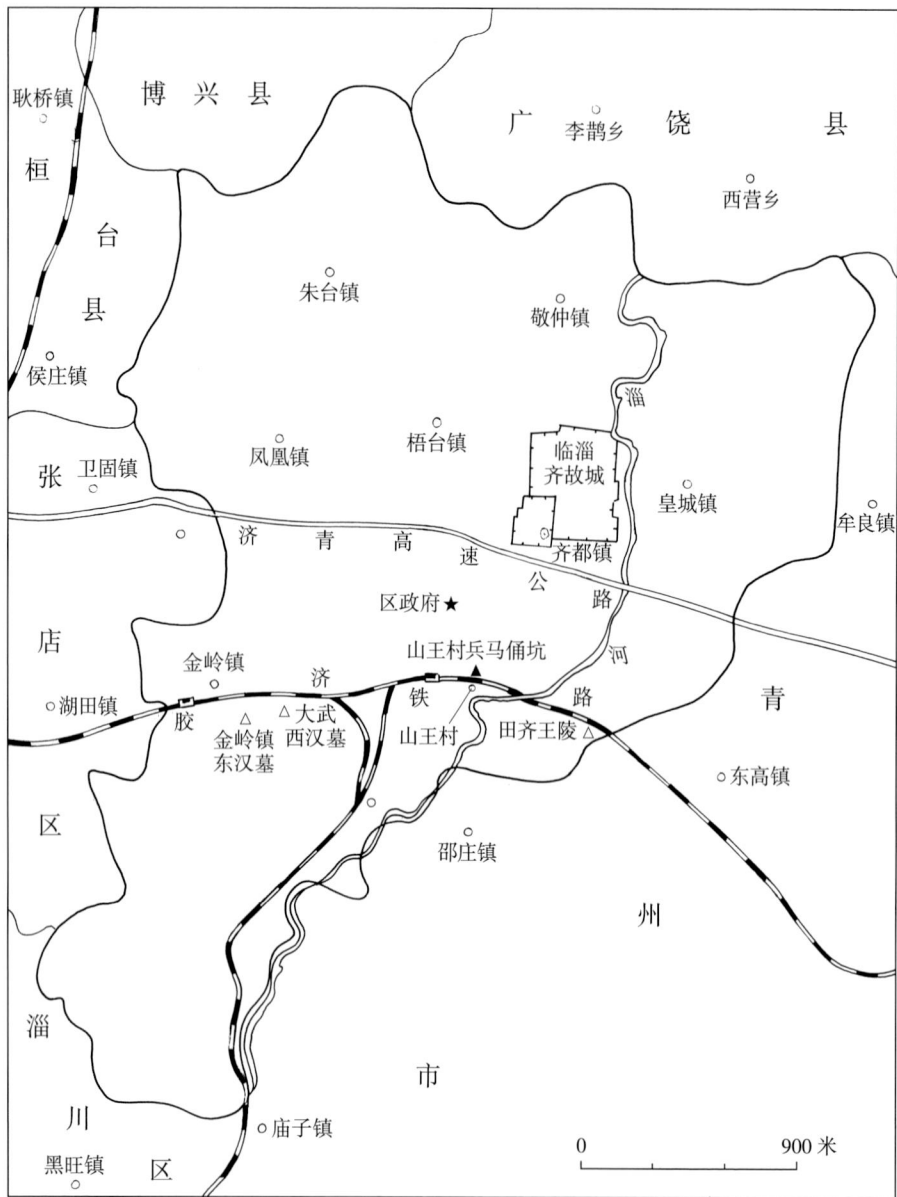

图一　临淄山王村兵马俑坑地理位置示意图

　　俑坑以西大体以胶济铁路为界，北侧即为鲁北平原，而南侧为鲁中丘陵山地，沿铁路两旁分布有许多周代与汉代墓地，目前经过发掘的有两处重要的汉代齐国王陵。一处为临淄大武西汉齐王墓，墓葬上部有规模巨大的圆形封土堆，直径约250米，墓葬属于有南北两条墓道的"中"字形，墓室南北长42、东西宽41米，面积达1722平方米，南墓道更是长达63米。目前仅发掘了5座陪葬坑，出土陪葬品多达1.2万余件（套），该墓是目前所知汉代诸侯国最大的墓葬之一，属于西汉时期齐国第二代齐王哀王刘襄陵墓[1]。另一处在临淄区金岭镇东南，墓葬为大型砖室券顶墓，由墓道、甬道、耳室、前室、主室和围绕主室的三面回廊组成，虽然被盗严重，

──────────

[1] 山东省淄博市博物馆：《西汉齐王墓随葬器物坑》，《考古学报》1985年第2期。

但从出土的银缕玉衣片及残存的随葬品断定，该墓属于东汉时期齐王陵墓，为第三代齐王刘石之墓[1]。山王村俑坑所处地理位置与西汉大武西汉齐王墓和金岭镇东汉齐王墓均位于临淄齐故城以南，大体呈东西一线分布（见图一）。

二　临淄简史

山王村兵马俑坑属于汉代大型墓葬的陪葬坑，与临淄齐故城相距不远，墓主应与汉代齐国或齐郡的统治者相关。

据文献记载，临淄是周代齐国的都城，汉代仍作为齐国王府及齐郡治所。公元前 11 世纪，周武王灭商建立周王朝，姜太公（吕尚）受封齐地，建立齐国。齐国在太公制定的"通工商之业，便渔盐之利"发展策略的指导下，逐渐发展成为当时的强国之一，至西周晚期，临淄已经发展为东方经济发达的手工业与商业中心。春秋时期，齐桓公任管仲为相，实行改革，促进了经济的发展，国富民强，"九合诸侯，一匡天下"，齐国成为春秋五霸之首。战国时期，齐威王招贤纳士，齐国更加强盛，经济呈现出空前的繁荣，当时的纵横家苏秦描述齐国都城："临淄之途，车毂击，人肩摩，连衽成帷，举袂成幕，挥汗成雨，家敦而富，志高而扬"，临淄在战国时期已发展成为中国古代东方最大最繁荣的城市，面积达 15.5 平方千米。

秦汉时期，临淄城仍然十分繁荣。秦统一六国，临淄为秦齐郡治所。汉定天下后，汉高祖六年，封庶长子刘肥于临淄，为汉代齐国第一代齐王，初辖胶东等 70 余城。悼惠王刘肥之后，有哀王刘襄、文王刘则、孝王刘将闾、懿王刘涛、厉王刘次景、怀王刘闳先后为齐王。西汉齐国七王先后都治临淄，最后的怀王不幸早死，国绝，临淄此后为齐郡治所。

公元 9 年，王莽建立新朝，改临淄为齐陵县。公元 25 年，刘秀灭王莽，复名临淄，再建东汉齐国。东汉自哀王刘章（公元 35 年）起，先后有炀王刘石、齐王刘晃、惠王刘无忌、倾王刘喜、齐王刘承六王，都治临淄。

两汉时期先后共有十三位齐王，均以临淄为王城。据《汉书》记载，"齐临淄十万户，市租千金，人众殷富，钜于长安"。这些反映出汉代的临淄经济仍然十分繁荣，富比长安，并且"非天子亲弟爱子，不得王此"，可见齐国在汉王朝中占有重要的地位。

三　发掘经过

2007 年 12 月，淄博市临淄区文物管理局为配合临淄区旧城区改造工程，组织考古人员对华盛园住宅小区原齐鲁塑编厂生活区 39 号楼基槽进行了文物勘探，在位于楼基槽的东南角，发现了一个长不足 5、宽 2 米的长条形土坑，坑内有加工的夯土结构。因东、南两面不到生土坑壁，为了搞清楚该坑的用途和结构，临淄区文物管理局工作人员反复与建设施工单位协商，暂停了建筑施工，向基槽外扩方，找出了四周范围，发现是 1 座规模较大的长方形土坑，经勘探从楼槽底部向下 1.8 米处又发现腐朽的木质灰痕迹，由此可断定，这个土坑极可能是一个与墓葬有关

[1] 山东省文物考古研究所：《山东临淄金岭镇一号东汉墓》，《考古学报》1999 年第 1 期。

的陪葬坑。临淄区文物管理局当即组织工作人员对陪葬坑进行发掘清理，并于12月22日在清理的盗洞内发现了陶楼顶、瓦当、人物俑、车马俑等陶器残片。因坑的南壁底部还有继续向外延伸的淤积土（当时认为壁龛），为了弄清整个坑的形制，又同建设单位协商，清理掉上面的钢筋混凝土，发现了一个长方形坑，坑的大小几乎与北坑相同。由此，对整个俑坑进行了抢救性清理，同时，在清理绘图过程中向山东省、淄博市文物主管部门进行了汇报。

山东省文物局接到报告后，立即组织山东省、淄博市考古专家多次到工地视察，听取汇报，讨论保护措施，制定保护方案。因俑坑是在工程施工中发现，鉴于东面紧靠厂房和变压器室，北侧为牛山路，南距胶济铁路不远，环境条件极为恶劣，不适宜就地保护，相关专家一致赞同取回室内进行有效保护。为此，山东省文物局决定，由山东省文物考古研究所负责补办考古发掘手续，并与临淄区文物管理局联合组成考古队，负责全部俑坑内文物的清理和提取工作。

由于俑坑内陶俑火候较低，加之塌陷和盗掘的破坏，致使陶俑、建筑模型及各类明器破损严重。发掘工作中为保证俑坑内陶俑、陶模型明器及各类器物的完整及复原，及时采取多项保护措施，并在现场对破损的器物进行拼对、修复、加固，然后进行绘图、拍照，在确保各类原始资料记录之后再进行现场起取。清理修复提取工作从2008年5月1日开始，至6月3日正式完成，共清理和提取各类文物500余件（套）（参见临淄山王村汉代兵马俑登记表）。发掘清理过程中由于及时采取现场保护措施，确保了俑坑的整体布局资料及各类文物的完整性。

在发掘清理过程中，山东省、淄博市、临淄区的领导极为重视，多次到工地视察指导工作。特别是临淄区委、区政府十分重视坑内文物安全，安排区公安局辛店派出所干警专人负责保卫工作，并建立了24小时巡逻值班制度，维护了现场秩序，确保了工地及文物安全。

贰　形制布局

第一节　俑坑形制

发掘前俑坑上部为原居民区拆除后的旧建筑基址，地表为残存建筑混凝土结构及垫土层，厚约 0.90~1.10 米，俑坑上口部遭到一定的破坏。坑内上部填土经过夯打加工，土质较硬，但夯层和夯窝不明显，夯层厚度不匀，厚 0.55~0.70 米。俑坑底部填土以细黄土为主，较疏松，为箱板腐朽塌陷后淤积形成。

俑坑坑口略大于坑底，由 2 个南北向长方形竖穴坑和中间过道组成，南北总长 15.30、坑底总长 15.45 米，中间用过道连接南、北两坑。南坑坑口长 6.40、宽 3.20 米，底长 6.55、宽 3.45 米，坑深 5.20 米。坑底部近平，略倾斜，南高北低，南坑北壁较直，其他三壁底部略大于坑口。北坑坑口长 6.50、宽 3.20 米，底长 6.60、宽 3.45 米，深 5.40 米。坑底部较平。南北两壁较直，两侧坑壁底部略大于坑口（图二）。俑坑的四个角均发现对称的脚窝，脚窝形状为梯形、直角三角形和不规则梯形三种，脚窝高 10~23、进深 6~12 厘米。

过道基本位于俑坑中部，宽度与俑坑的宽度相同，宽 3.45、南北进深 2.40 米。过道南部顶部塌陷，结构不明。北过道口保存较好，为不对称的圆角平顶门洞状，东部较低，高 0.50 米，西面中部及西部高 1.04 米。在清理出过道时顶部又全部塌陷，只能将塌陷后的过道全部进行清理，使南北两坑连为一体。

俑坑四壁发现朽木痕迹，而在陶俑的顶部也发现板灰痕迹，应是在俑坑四周立有木板，在顶部加盖盖板。底部发现了南北向 3 排 9 组 27 个分布均匀的圆形柱洞，其中，除从南往北第三排靠近坑西壁的一个柱洞被盗洞破坏外，其余保存较好。柱洞排列规整，柱与柱中心南北相距 90~110、大多相距为 90 厘米；东西相距在 75~90、大多为 75 厘米。柱洞直径为 18~32、深17~55 厘米，有的柱洞底还垫有青石块（见图二）。这些立柱上部应是承接器物箱的盖板。坑内器物下面没有发现木质板灰痕迹，仅表面有略经加工的细黄色生土，因此，器物应直接摆放在经过加工的生土地面上，然后在器物上面罩上器物箱覆盖，避免坑内的兵马俑及各类器物遭到填土的破坏，形成无底的器物箱式结构。

第二节　俑坑布局

俑坑内共发现建筑模型、人物俑、动物俑以及各类器物 500 多件（套）。属于陶建筑模型的门阙、前门、大门以及后院内的楼房、粮仓、庖厨等，有一定的规划布局，各类人物、车马、兵器、乐器、动物、家禽等陶俑及器物类也按照一定的规划布局配置。整个俑坑主体布局大致可分为门阙与车骑方阵、前院与步卒俑方阵、后院与车马出行方阵以及四周的俑坑护卫方阵四部分（图三、四）。

（一）门阙与车骑方阵

俑坑南端从阙门到大门前为第一部分，主要为阙门及骑兵俑与战车组成的行军方阵（图五）。

门阙为双阙，位于俑坑南端，属于左右对称结构相同的双阙，距离南壁约 0.50 米，两阙东西相距约 1.75 米。门阙属于双层楼阁式结构，发掘时均遭到一定的损坏，上面及顶部歪斜塌落（图六、七），但整体结构可复原。阙楼通高 140.0 厘米，中间有腰檐，下层高 65.0、宽 45.0、进深 22.0 厘米；腰檐上层高 75.0、宽 24.0~44.0、进深 14.0 厘米；子阙高 40.0、宽 20.0、进深 14.0 厘米。母阙为庑殿顶，子阙也为庑殿顶，但内侧紧靠母阙仅外侧出檐。

骑兵俑与战车出行方阵共由 49 名骑俑及 5 辆战车组成。骑兵俑从排列顺序看前后大体可分为六排，分别在车的前后或左右位置，担任护卫。骑兵俑头戴垂肩风帽形头盔，上身挺直着铠甲披膊，大多左手握拳下垂，右手置于胸前，呈持物状，下身呈 n 形坐骑于马背上。也有的骑兵俑上举双手，呈射箭状，或为弓箭手（图八、九）。所骑的马昂首，张口，长鼻，短立耳，目前视，阔胸圆臀，四肢修长，马尾上翘，尾部打结。骑兵俑一般通高 62.0~67.0 厘米，俑高 13.0~14.0 厘米，马高 59.0~66.0、体长 62.0~65.0 厘米。

5 辆战车均为独辕车，驾四马，前后分三排，1 号车在前，2 号车、3 号车左右对称排列居中，4 号车、5 号车左右居后排列。

临淄山王村汉代兵马俑

图五　车骑出行

图六 东阙

图七 西阙

图八 骑兵俑

图九 骑兵俑局部

1号车，位于最前端，为四马所驾主车。马左右两侧前方各有2名骑俑护卫（图一〇）。驾车2服马2骖马与前列左右两侧的4名骑俑与两阙门平行，正从两阙之间穿行。该车舆遭到一定程度的损坏，两侧的车轮也已变形损坏，但整个车结构及构件还基本保存，原貌可复原。车通长105.0、通宽75.0、通高44.5厘米；车舆长50.0、宽19.0、高23.5厘米；车轮直径40.8厘米。车舆后部有3名俯卧的乘俑，最高的1名在车舆后部，从着装彩绘服饰看本应是站立在车舆中的主乘者或指挥者，因车舆损坏而侧倒在车舆后（图一一），另2名身着铠甲应为左右的驭手和护卫俑。在1号车车舆左右两侧各平行排列5名骑俑，为第二排护卫骑俑，左侧5名排列整齐，大体保存在原位（图一二）。

2号车，位于1号车后部左侧，所驾四马马首紧靠前面的骑俑。车舆也遭到一定程度的损坏，两侧的车轮也已损坏变形，但均可复原。车舆中还留有1名前卧的车俑，车舆后部有2车俑相叠压，3名车俑均着铠甲，为1名驭手和2名士卒护卫俑。车舆左右前侧各有1名护卫骑俑，为第四排

图一〇 1号车及骑兵护卫

图一一 1号车主乘者

图一二 1号车西侧骑兵护卫

护卫骑俑，大体与服马、骖马平行。

3号车，位于右侧，驾四马，马首紧靠与前面的骑俑。2骖马受一定的损坏，2服马保存较好，颈背部还保留车轭，车衡及车辀的前部折断。车舆大体保存较好，两侧车轮损坏较严重，轮牙分别断裂为几段，车辐条也散落折断，但均可复原。车舆后部有一拐尺形盗洞，使左车轮后部受到一定破坏，但大部还保存较好。车舆内有1名俯卧的车俑，或为驭俑，车舆外西侧另有2名俯卧士卒护卫俑。车舆左右也各有护卫骑俑，也属于第四排护卫骑俑。

4号车，在左侧2号车之后，驾四马，马首前有1名面朝北的牵马俑。车舆上部的箱板有一定的损坏，车轮保存较好，轮牙、车辐条基本还保留在原位置。车舆东南角内有2名俯卧的车俑，车舆南侧也有1名卧俑，残破严重，从均着铠甲的服饰看为1名驭俑和2名士卒俑护卫俑（图一三）。

　　5号车，在右侧3号车后，前部被盗坑破坏，两服马之间的车辀及车衡、车轭均受到破坏。车舆保存较好，车箱前部箱板有一定的损坏，但两侧及后部基本保持原貌，从5号车的整体情况看，车箱向前滑落，左右车轮分别向外侧左右倾倒。3名乘者躺卧在车舆内，均为身着铠甲的士卒护卫俑，中间1名为驭俑（图一四）。

图一三　4号车

图一四　5号车

（二）前院与步卒俑方阵

从前院大门到后院大门前为第二部分，主要为步俑方阵（图一五）。大门内前端有 2 辆牛车，后侧为步卒俑组成的护卫方阵。前院大门为三开间，中间为过厅，两侧为门房。过厅的房顶还大体保存原貌，歇山顶，而东西厢房的前部屋顶均脱落在门厅前，从结构看也应为悬山顶。在门楼右侧前面有站 1 名立门吏俑，做迎宾状（图一六），右门房内有两名站立的门吏俑。

大门内最前面有 2 辆东西并列的牛车，大体处于门厅后略偏右侧。牛车前驾车之牛呈俯卧状，形态相同，形象逼真。卧牛之前各有 1 名牵牛俑，呈跪坐状，双手各在牛鼻两侧下部。两辆牛车均被拆散放置，车箱板及车轮相互叠压在一起（图一七）。位于东侧为 6 号车，车衡位于牛左侧，车箱仅有两侧板，已经散落向右侧叠压在一起，下部叠压左轮车牙，上部被右轮牙叠压，左右车轮均未见车辐条，左车轮牙断为多段，右轮车牙大体完好。车衡长 23.6 厘米，车箱板长 32.8、宽 14.0 厘米，轴长 30.8、车轮高 6.8 厘米（图一八）。7 号车位于 6 号车右侧，车轭处于牛背上，车箱侧板向左倾斜叠压在一起，下部叠压左轮，上部被右轮叠压，右车毂大体位于右轮中间。

牛车之后约有 300 多名步卒俑手持盾牌组成了步兵方阵。根据大体布局可分左前部立俑、左后部跪坐俑、右部立俑三部分。其中，东半部的第一、第二部分因俑坑东壁塌陷部分陶俑的实际位置略有移动，后来根据未经扰动的部分进行基本位置复原，因此这些陶俑位置或有出入，但大体保持了原来的布局。

图一五　前院布局

图一六　前大门及门吏

图一七　牛车

贰　形制布局

1．左前部立俑

位于东侧前部，除前排 1 名官吏指挥俑外均为步卒俑，步卒俑为东西横向排列，南北约为 4~5 排，每排约 10~15 名，按照排列或为 70 名左右（78~136 陶步俑立俑），实际为 69 名，因东部坑壁曾局部塌陷，复原后的排列布局大体如此（图一九）。步卒俑均呈站立状，头戴垂肩风帽盔，身穿铠甲，脚穿战靴，双手握拳置于胸前，内着长袍，外穿紧身战袍，战袍用白色圆点彩绘点缀。脸面饰白彩，眉、眼、鼻、嘴用黑、红彩点缀描绘，步卒俑一般高 30~31 厘米（图二○）。俑前各置一盾牌，有的盾牌

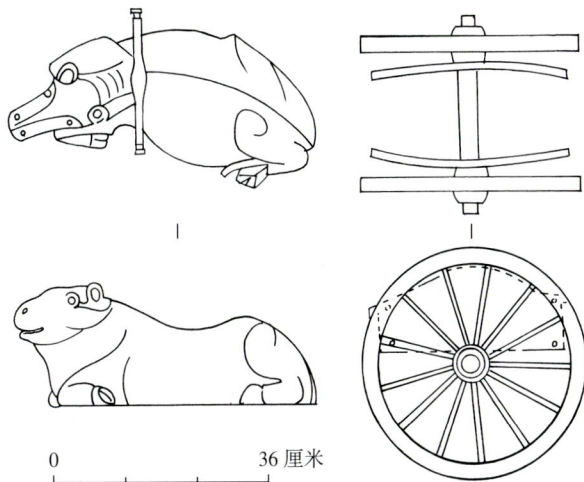

0　　　　　　　　　　36 厘米

图一八　牛车复原示意图

图一九　步卒俑阵列

图二〇　左侧步卒立俑阵列

饰红彩，有的绘三角形图案。前排指挥俑形体高大，未披铠甲（图二一）。

2. 左后部跽坐俑

东侧后部主要为跽坐俑或蹲俑（图二二）。俑均头戴风帽盔，双手握拳置于胸前，身穿长袍，用白色圆点彩绘点缀，脸面多饰白彩粉面，眉、眼、鼻、嘴用黑彩描绘，下身呈跪坐状，一般高 22.0~23.0 厘米，双手前立盾牌（图二三）。跽坐俑中间有体型较大的指挥俑，周围有建鼓、击鼓手和类似柄斧及器座的刑具等，附近并有身躯上下分为两截的残俑。

3. 右部立俑

右侧除 1 件官吏指挥俑外均为站立步卒俑，手持盾牌，可分为东西两组。东侧一组南北纵列，每排 5 人，共 15 排，实际为 72 件，如果按照完整队列应为 75 人，缺少 3 俑。西侧一组也为南北纵列，每排 5 人，在中部有 1 名身材高大的官吏指挥俑，步卒俑实际 73 名，共 74 名（图二四）。按照完整队列应也为 75 人。

（三）后院与车马出行方阵

后宅院内有大门、戏楼、殿堂、正寝房、粮仓、厨房、猪圈、羊圈、井等陶质建筑模型，并配有猪、羊、鸡、鸭、狗等动物，院内还布置车马出行（图二五）。

图二一 步卒指挥俑

图二二 跽坐俑阵列

图二三 跽坐俑

图二四　右侧立俑阵列

临淄山王村汉代兵马俑

图二五　后院布局

1. 后宅院大门

与前大门南北相对，结构基本相同。后院大门前有 3 名侍俑，其中门厅前两侧各有 1 名门吏俑，另 1 名位于大门东侧，面向西朝大门向站立。而大门内侧也有 1 名体型较小的门吏俑，位于门厅内西侧，面向东站立（图二六）。

2. 戏楼

位于院内西侧正对大门，戏楼为 3 层小楼，主体呈上大下小的方形碉楼状。一层、二层呈方形立体状，三层为顶层，四周为挑檐式，宽出戏楼一、二层的主体（图二七）。楼顶三层有乐俑、鼓乐、餐饮具以及乐器鼓、琴等器类构成歌舞娱乐场景。鼓乐二人背西面东正坐，东部有 4 名坐俑面对坐，并放置陶方壶、酒尊、耳杯、食盘等饮食器皿以及琴、鼓等乐器，中间有 1 名坐俑作弹琴状，还有 1 名站立舞俑立俑正在表演。主要内容为饮酒娱乐场景（图二八）。由于上部破坏较甚，在楼的底部发现较多破碎的瓦片，应存在封闭式的楼顶，但顶部结构不明。

3. 殿堂建筑

西侧戏楼后的殿堂为后院内的主要建筑，为东西长南北宽的南北向长方体建筑。下部为明显高出地表的长方形台基，殿堂中间为主室，左右及后部有多间房。顶部为分段式庑殿顶，堂前设有

图二六　后院大门

图二七　望楼

图二八　望楼顶部娱乐场景

图二九　殿堂建筑

台阶，西台阶比较清楚，西侧有 1 只卧犬，东侧有 1 只立犬（图二九）。由于仅西半部保存较好，东半部受到破坏，从西半部可看出殿内分为前堂、后室、偏房等结构。

4. 寝房、猪圈

院后部有 4 座北寝房，分别为 1~4 号寝房（图三〇）。

标本 YK：56，1 号寝房，位于最西端，南面正中有长方形门，门外东侧有 1 名坐俑，面朝西，室内也有一 1 名坐俑。房顶为悬山顶，有东西庑顶（图三一）。房后东侧设有猪圈，圈有 1 头猪，圈西侧有 1 名饲养人员，头顶罐。

标本 YK：57，2 号寝房，位于中部偏西，南面偏西侧有长方形门（图三二），室内有 6 名坐俑，环绕团座，面前有琴、鼓以及耳杯等，呈饮酒行乐场面（图三三）。房顶为悬山顶，南侧出檐。

标本 YK：58，3 号寝房，位于中部偏东，南面偏西侧有长方形门，室内有 2 名坐俑，南北对座。房顶为两面坡式悬山顶。屋后有猪圈，圈内有猪 2 头，圈外东侧有 1 名头顶陶罐的饲养人员（图三四）。

图三〇　后院寝房

图三一　1号寝房 YK：56

图三二　2号寝房 YK：57

图三三　3号寝房 YK：57内娱乐场景

图三四　猪圈及猪倌

标本 YK：59，4 号寝房，位于东侧，南面偏西侧有长方形门，室内有 2 名坐俑，南北对座。房顶为两面坡式悬山顶。

5. 厨房、粮仓、羊群

后院东侧有 1 座粮仓和 1 间厨房。

标本 YK：60，庖厨，东、南、北三面为封闭式墙体，西面为开放式，内有炉灶、炊具、食具等，并有操作的厨师等人物，顶为一面坡式斜顶（图三五）。厨前并设有水井，水井内有用于汲水的陶罐，水井上口沿有穿孔，应为安装汲水设施所设（图三六）。厨房后有排列整齐成群大小不一的绵羊（图三七）。

标本 YK：61，粮仓，二层楼阁式，顶为庑殿顶，上部正面有 2 个方形小窗（图三八）。

图三五　庖厨 YK：60

图三六　水井

图三七　羊群

图三八　粮仓 YK：61

6. 车马出行

后院中还布置主人车马出行场景，有 4 辆车和武士护卫俑、侍从俑组成。东侧 3 辆车前后排列，前面 8 号车、9 号车为驷马安车。

8号车，驾四马，两服马、两骖马平行排列。右服马前有1名形体较小的牵马俑。车舆保存完好，车舆内右侧有驭手，中间有车伞，伞柱已经折断，车伞脱落在车舆的前部，虽然大部破碎，但基本保持原貌（图三九），可复原。车舆左右各有1名骑马侍从俑，与前面的骑士护卫俑的形态不同，未穿铠甲。后侧有2名个体较小的女性侍从俑，面朝8号车，应为随车侍从。

　　9号车，位于8号车后部，应为主车，驾四马，马的前部有3名侍俑，中间个体较小者为牵马俑，两侧各有1名形体高大的官吏俑，面对9号车，呈迎宾状（图四○）。车舆向前脱落到车轴的前部，车掩板着地，车门朝上。车伞也折断，伞的顶部处于车舆前。车舆左右各有1名骑马护卫俑，与前面的骑士护卫俑的形态不同，未穿铠甲，上衣为中开领，体型健壮，面部有少数民族勇士特征，应为胡人护卫俑（图四一）。车舆后部有2名个体中等的女性立俑，作迎送状，为该车随从侍俑。

　　10号车，位于后院前部西侧，也为驷马安车，马的前部有1名体较小者为牵马俑，处于两服马之间。两侧各有1名形体较大的官吏俑，面对10号车，或为车主侍从。车舆基本完好，前掩板、左右两侧及车舆内均有红色彩绘。车舆内还有1名驭手，车后部还有1名仰卧的彩绘俑，或为随车侍从（图四二）。

临淄山王村汉代兵马俑

图三九　8号车

图四○　9号车及车前牵马俑（前视）

图四一　胡人护卫俑

图四二　10号车及车前文吏俑（后视）

11号车，位于9号车之后，与其他车辆结构不同，为双辕车，中间主驾服马向右侧卧倒，马前左侧有牵马俑，2车辕平行铺在地上，车舆保存完好，只是前倾滑落到车辕上，车舆右侧有1名端坐的驭手，双手位于前车板上，握拳中空，呈手握缰绳的驾车状。左侧还有1名护卫骑俑或侍从（图四三）。

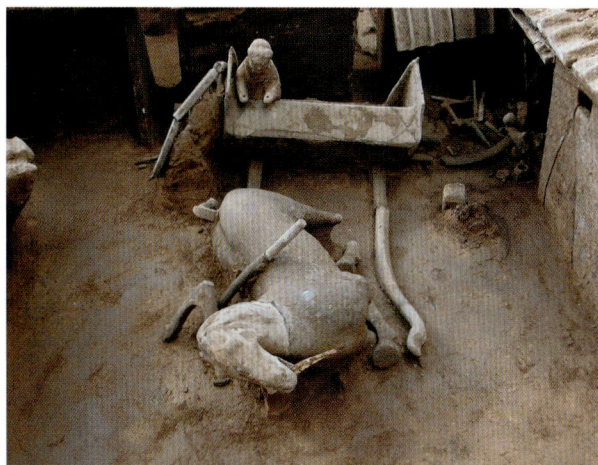

图四三　11号车

（四）俑坑护卫方阵

在俑坑四周靠近坑壁有一周站立的护卫俑，共64名，均手持盾牌，组成对俑坑护卫方阵（图四四）。护卫俑均头戴垂肩风帽盔，上身着铠甲，其双手相扣置于胸前，下身着至膝短袍，脚蹬战靴，盾牌紧靠身前放置，一般高度在30.0~31.0厘米左右（图四五）。护卫卒俑位置虽有扰动但大多排列位置有序，有56名环绕俑坑四周站立，其中54名均紧靠坑壁，手持盾牌且面向坑壁，两者相距大多在50~100厘米之间，形成对俑坑的护卫阵形，另有2名面朝坑内，面对1号车前，呈迎接状。其余8名分别站立在东西双阙外，东西各4名护卫俑南北向排列，相对站立，呈阙前护卫（图四六~四八）。

图四四　护卫俑阵列

019

贰　形制布局

图四五　护卫俑

图四六　东阙及前护卫俑

图四七　东阙前护卫俑

图四八　西阙前护卫俑

临淄山王村汉代兵马俑

叁 陶俑

　　山王村兵马俑坑出土的陶俑数量众多，其制作比较精致、造型逼真。根据已出土的陶俑残片观察，制作的工艺比较复杂，一般需经过筛土、造型、拼粘、烧制、彩绘等多道程序。人物俑中大型俑一般采用模制，将头部、躯干、手部、下肢及足部分别单独成型，并拼接而成，烧制后再施以彩绘。个体较小的人物俑一般采用雕塑，用泥土等材料直接捏塑而成。动物类只有马采用模制，制作方法采用分段制作，头颈、躯体、四肢、马蹄、马耳、马尾巴等分别制作，再按部位黏合黏接成形，烧制后，施以彩绘，马耳及尾皆为单独烧制而成，最后进行安插合成，陶俑、陶马原来身上的绘彩，出土时已脱落，仅存少许残迹。小型动物一般采用手制，用泥土等材料直接捏塑成型。出土的陶俑可分为人物和动物两大类。

第一节　人物俑

　　俑坑出土的人物俑，不但数量众多，而且种类亦较复杂。根据其身份和司职的不同可分为军士俑、文吏俑、侍从俑、歌舞俑、操作俑等五大类，而每大类俑又可细分几小类，如军士俑内又可分为步兵俑、骑兵俑、车兵俑、护卫俑等，各类俑又根据司职和形态的不同又可进一步细分。

一　军士俑

　　数量最多，共 319 件。依据司职又可分为步兵俑、骑兵俑、车兵俑、护卫俑四类。

（一）步兵俑

　　255 件。由指挥俑、立卒俑、踞坐俑组成。

1. 指挥俑

　　共 3 件。均体型高大，站立在步兵俑的方阵中显得鹤立鸡群，非常显眼。该类俑形制基本相近，高度在 41.5~42.5 厘米。头戴帻[1]，外罩武冠[2]，身着三重衣，皆为右衽交领宽袖长袍，腰束黑带，袍膝部紧束，下摆呈喇叭状撩起。下穿肥绔，遮盖至脚部，仅露方口圆头履尖。其轮廓分明，面白眉墨。双手握举于腹部，左手半握中有孔贯通。服饰基本相同，面部形态略有

---

　　[1] 孙机：《汉代物质文化资料图说》，文物出版社，1991 年，第 230 页。
　　[2] 孙机：《汉代物质文化资料图说》：文物出版社，1991 年，第 233 页。

差异。

标本 YK：93，正首而立，额前束红色帻，外罩武冠。身穿三重袍，内为红衣，中为黑领衣，外罩博袖高领长袍，腰有墨绘宽带，袍膝部内束。下穿肥绔[1]，脸庞圆滑，翘嘴大笑，双目微斜视，双手置于腹部，左手半握中空抬肘伸置于腹部，中空孔贯通于身后，原应持有器物，已失，右手残缺，身施白彩。高 42.5、宽 12.0 厘米（图四九，1；彩版一）。

标本 YK：156，头部右侧，凸眉小眼，隆鼻嘴翘，武冠内束朱色帻，两颊有风带系于颏下。身着白彩两重衣，皆为右衽无肩长袍，袖子宽大，摆掩肥绔遮盖脚部。右手握拳中空置于腹部，左手下伸亮掌向前，掌心朝外，左肋下有一孔贯通前后，唇、领、袖口及腰部朱色勾勒线条。高 41.5、宽 12.5 厘米（图四九，2；彩版二）。

标本 YK：302，左侧仰首端立，外罩武冠[2]，宽系带，冠内束帻，身着三重衣，皆为右衽

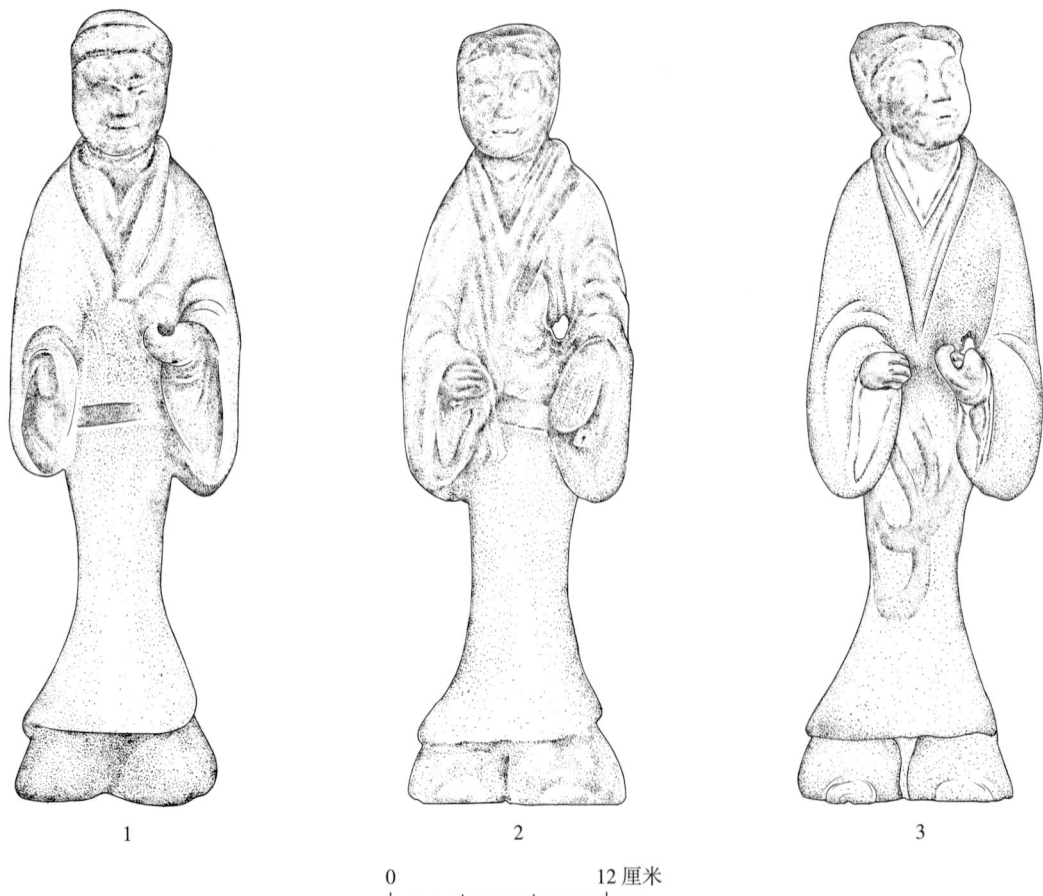

1   2   3

0 ————————————— 12 厘米

图四九　步兵指挥俑

1. YK：93　2. YK：156　3. YK：302

临淄山王村汉代兵马俑

---

［1］富贵人家子弟穿的细绢做成的裤子，出自《汉书·叙传》："出与王、许子弟为群，在于绮襦纨袴之间，非其好也。"
［2］冠名。即"武弁"。古代武官之冠，亦称武弁大冠、繁冠。汉侍中、中常侍加黄金珰，附蝉为文，貂尾为饰，名赵惠文冠。或加插双鹖尾，竖左右，称"鹖冠"。相传乃战国赵武灵王效胡服时始用。秦汉因袭不变，乃作武士之冠。参阅《后汉书·舆服志》下、王国维《观堂集林·胡服考》。

交领长袖袍，五官模糊，粉面唇朱，双臂曲肘伸于腹部，左手半握中空，有孔贯通身后，右手握拳有孔。下穿肥绔，绔掩双足只露履尖，袍服仅有斑斑白衣，朱彩勾线领及袖口，腰至膝部有墨色绘勾环形叠压飘带图案。高41.5、宽12.5厘米（图四九，3；彩版三）。

2. 立卒俑

201件。步兵立俑在俑坑军士俑中的数量较多。俑均为正首两腿微分站立姿，头戴风字盔，盔内束红色或黑色帻，盔罩住发髻保护头部及两侧，只露脸部，身穿长衣，下垂至膝，外罩带有护肩长袖甲衣，足蹬平底战靴。一般都面庞丰腴，弯眉圆目，神态肃穆，双手紧握环抱置于腹部，盔甲上有白色圆点图案，应是表示盔甲上的金属泡钉。面部和手部多数施以白彩，部分长袍施以白彩或橘红色彩。立卒俑的形制基本相同，虽轮廓近似但细部又各具特点，面部表情也有所差异和不同（彩版四）。

标本YK：103，风字盔罩住发髻保护头部及两侧，只露脸部，面庞清秀，表情恭和，双臂环抱置于腹部，两手交握。身穿至膝长袍，外罩带护肩长袖泡钉铠甲，脚穿圆头平底靴，彩绘脱落较重。高30.9、宽9.2厘米（图五〇，1；彩版五）。

标本YK：105，头部微低，容貌清瘦，宽鼻阔嘴，头戴风字盔，只露脸部，身穿至膝长袍，外罩长袖甲并带护肩，足穿圆头平底靴，双手叠握环抱置于腹部。彩绘仅皮质铠甲上的金属泡钉白彩圆点图案清晰可见。高32.6、宽9.6厘米（图五〇，2）。

标本YK：106，风字头盔，身穿长衣，下垂至膝，外罩护肩长袖甲衣，圆头平底靴，脸庞瘦秀，隆鼻俊俏，墨眉朱唇，脸部施白彩。双手交握环抱于腹部，拳心有上下贯通的圆孔，盔甲上有白色的圆点，其他彩绘多余白衣。高29.5、宽7.0厘米（彩版六）。

标本YK：135，长眉柳目，高鼻宽嘴，温和站立姿，风字盔罩住整个头部，身穿至膝长袍，外罩长袖铠甲，甲镶泡钉并带护肩，金属泡钉用白色圆点图案表示，双臂环抱两手交握置于腹部，脚穿圆头平底靴。俑身施彩绘，但大部已脱落殆尽。高31.0、宽9.0厘米（图五〇，3）。

标本YK：136，头戴风字盔，在用帻（包束头发的单巾）由前额向后脑裹束，容貌丰满，粉面朱唇。身穿至膝长袍，外罩长袖甲并带护肩，双手交握环抱于腹部，脚穿圆头平底靴。彩绘部分仅存少许原彩。高31.05、宽9.0厘米（图五〇，4；彩版七）。

标本YK：203，风字盔，盔罩住发髻至脖间，起保护头部及两侧，身穿至膝长袍，外罩长袖甲并有护肩，脚穿圆头平底靴，柳眉细目，表情严肃。左臂下垂，手握拳，拳心有孔，右臂下垂前伸，手部缺失。前放一上圆下方盾牌。俑服饰色彩已失，仅存斑斑底色和白圆点。高32.0、宽8.9厘米（图五一）。

标本YK：295，风字盔罩住头部，仅露脸庞，面部表情温和，双臂环抱两手交握置于腹部，身穿至膝长袍，外罩护肩长袖铠甲，脚穿圆头平底靴。彩绘脱落严重，只有脸部和手部仅存白彩，右侧放置一盾牌。高29.8、宽8.6厘米（彩版八）。

标本YK：125，风字盔，身着至膝长袍，外罩护肩长袖甲衣，脚穿圆头平底靴。脸部窄瘦，朱唇墨眉，脸部及手部涂有白彩，双手交握搂抱于腹部，身上彩绘脱落较重，只有表示铠甲上金属泡钉的白彩圆点清晰尚存，右侧放于一盾牌。高30.0、宽8.6厘米（彩版九）。

标本YK：259，头戴风字盔，罩住发髻至脖间以保护头部及两侧，容貌端正，柳眉杏眼，身穿至膝长袍，外罩长袖护肩铠甲，腹前双臂环抱两手交握，脚穿圆头平底靴。身上彩绘存有少许朱彩及白彩，右侧放置一盾牌。高 29.8、宽 8.6 厘米（彩版一〇）。

标本 YK：206，面部表情严肃，五官端正。头戴风字盔，身穿长袍，外罩长袖带护肩铠甲，脚穿平底靴，双臂曲肘环抱于胸前，双手交握，原有彩绘已脱落不清。高 29.8、宽 8.6 厘米。

标本 YK：278，风字盔内用帻裹束头部，身穿长袍，外罩护肩长袖甲衣，脚穿平底靴。挑

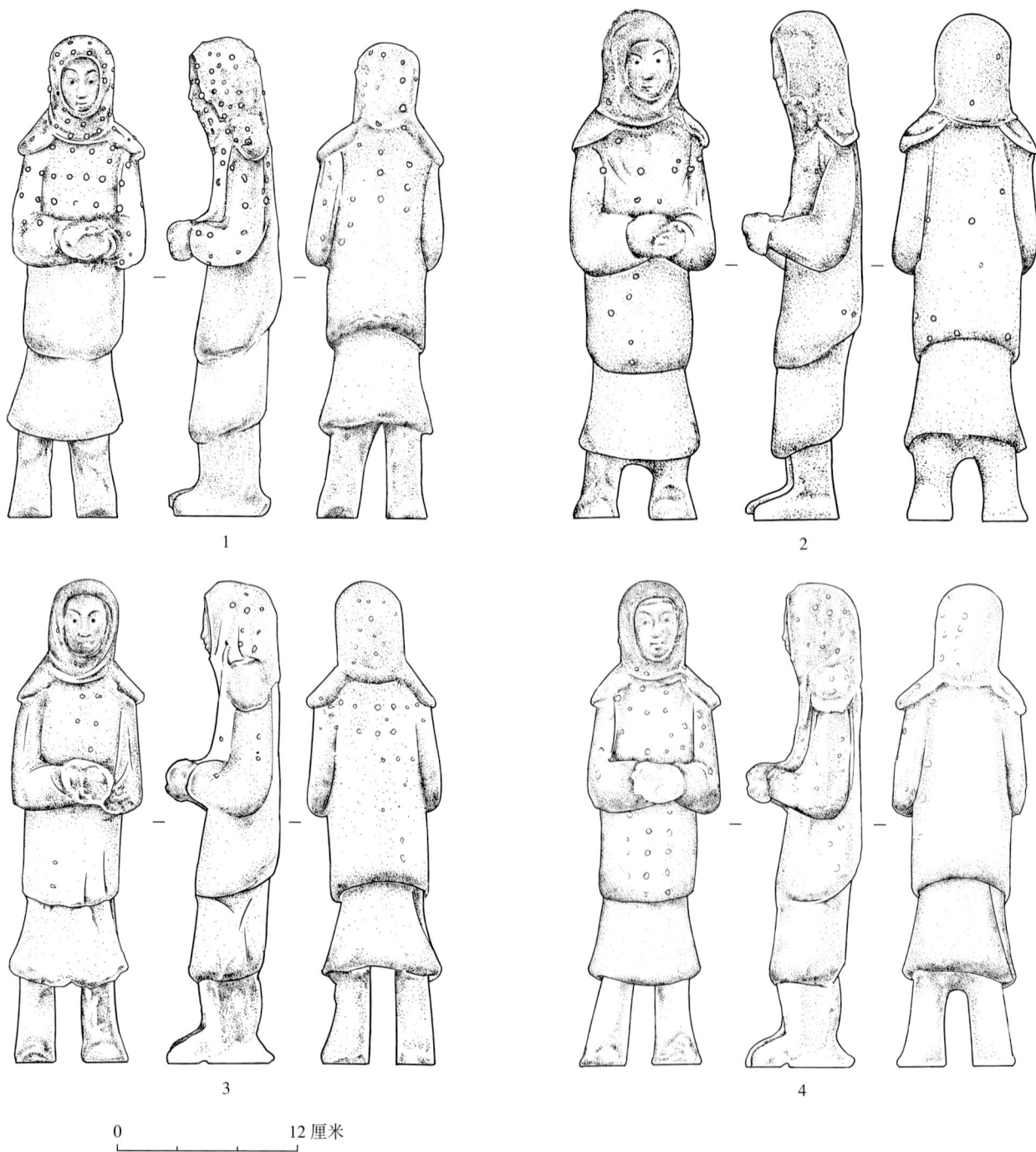

图五〇　立卒俑

1. YK：103　2. YK：105　3. YK：135　4. YK：136

临淄山王村汉代兵马俑

眉圆眼，表情严肃，双手交握于腹前，彩绘已脱落模糊，仅余斑斑白彩及白色圆点尚可视之，右侧放置一盾牌。高29.8、宽8.6厘米（彩版一一）。

标本YK：209，风字盔罩住头部及两侧，仅露脸庞，身穿至膝长袍，外罩长袖甲并带护肩，脚穿平底靴，双手交握抱于腹前，脸部形象模糊不清，身上彩绘脱落严重，仅余朱唇及零星白点。高29.8、宽8.6厘米（彩版一二）。

标本YK：270，俑为端正直立姿，面庞俊瘦，形象温和。风字盔罩住发髻至脖间，以保护头部及两侧，身穿长袍，外穿长袖护肩铠甲，脚穿平底靴，双手交握置于胸前，交握处有一孔，通身彩绘脱落较重，只有局部残留少许色彩。高29.8、宽8.6厘米（彩版一三）。

标本YK：81，面带微笑，柳眉杏眼，挺鼻抿嘴，头戴风字盔，身穿至膝长袍，外罩护肩铠甲，甲上白彩圆点清晰可见，应表示甲衣金属泡钉装饰。双手交握环抱于腹前，脚穿圆头平底靴，原有彩绘已脱落不清。高30.0、宽8.6厘米（彩版一四）。

标本YK：132，头戴风字盔罩住整个头部，仅露面庞，身穿至膝长袍，外罩长袖护肩铠甲，双手交握置于腹前，拳心有孔，脚穿平底靴，面部表情不详，身上彩绘仅存表示铠甲金属泡钉饰状的白彩圆点，清晰而整齐。高30.0、宽8.6厘米（彩版一五）。

标本YK：127，风字盔，身穿至膝长袍，外罩长袖护肩甲衣，双手交握置于腹前，手交握处上有孔，应插有物品，现已失。脚穿平底靴，面部已残，俑身彩绘脱落严重，仅存泥的原色。高30.0、宽8.6厘米（彩版一六）。

标本YK：279，面部表情温雅，杏眼樱嘴，头被风字盔罩住，只露脸部，内裹束朱帻，身穿至膝长袍，外罩长袖护肩铠甲，双臂环抱两手紧握于腹前，脚穿白彩平底靴，脸部及手部涂白彩，袍下襟仅有少许朱色。高29.8、宽8.6厘米（彩版一七）。

标本YK：282，头戴风字盔，额露朱色帻，面庞丰满，眉目不清，朱唇。身穿至膝长袍，外罩长袖护肩甲衣，衣下襟紧收，双手环抱置于腹前。脚穿平底靴，双手及脸部残存少许白彩，其身上彩绘已脱落殆尽，仅余原色。高29.8、宽8.6厘米（彩版一八）。

3. 跽坐卒俑

51件。跽坐卒俑均为跽坐直立式，排列分布整齐而较密。戴风字盔，盔内用帻由前额向后脑裹束，身着袍服，外罩带护肩长袖铠甲，面庞圆满，柳眉、朱唇，气宇轩昂，多数施以白彩，用红黑色勾描五官。身矮体粗，上身挺立，双手握拳环抱于胸前，双手间有孔，原持有器物，已失，双腿跪地，臀部坐于足上。脸、手部施白彩，盔甲残留白点及个别部位存有少许原色。形制基本相近，只有形象略有区别。

标本YK：139，面额较宽，柳眉凤眼，身躯粗胖，风字盔，内束帻，身穿深衣，外罩长袖齐膝甲，

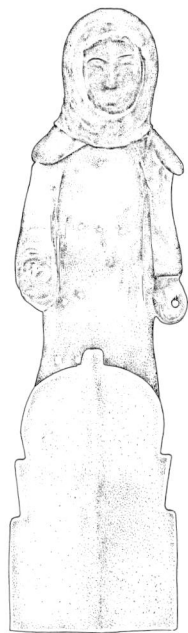

图五一　立卒俑YK：203

0　　　　　　　　　　　12厘米

叁

陶俑

带护肩，眉用墨勾，唇用朱点，形象俊美。上身挺立，双手握拳环抱于胸前，拳心有上下贯通的圆孔，双腿跪地，原有彩绘已脱落不清，只有脸、手部残有白彩，盔甲上有白点图案保存尚好。高 21.8、宽 13.2 厘米（图五二，1）。

标本 YK：144，躯体矮粗，双膝直跪，头戴风字盔，在用帻（包束头发的单巾）由前额向后脑裹束，身着长袍，外罩护肩长袖甲，浓眉大眼，隆鼻阔嘴，表情凶悍。抬头挺腰，双手外露紧握曲肘环抱于胸前。前放一上圆下方的盾牌。衣着原色彩已尽褪。高 22.5、宽 12.2 厘米（图五二，2；彩版一九）。

标本 YK：150，仰头，风字盔，内束帻巾，盔罩住发髻至脖间以保护头部及两侧，只露脸部，身着长袍，外罩长袖甲并带护肩，面庞彪悍，咬嘴皱眉，脸、手部施白彩，朱涂唇，两手前曲紧握环抱置于胸前，双腿屈跪。盔甲有白点图案，身露泥原色。高 22.0、宽 12.5 厘米（图五二，3；彩版二〇）。

标本 YK：220，风字盔，盔衬束白色帻，内穿深衣，外罩长袖齐膝甲，带有护肩。脸容圆满，粗眉圆眼，鼻隆嘴阔，眉眼均用墨勾，粗放准确，脸部、手部施有白彩。双手环抱于胸前，前放一上圆下方盾牌，盾面为棱形朱彩绘制图案，盔与甲衣上均有白色圆点，圆点应表示盔甲上的金属泡钉。高 29.8、宽 17.6 厘米（图五二，4）。

标本 YK：147，体健粗矮，头戴风字盔，只露脸部，朱色帻，由前额向后脑裹束，身着长袍，袍遮下身，外罩带护肩长袖铠甲，双手环抱紧握于胸前，脸部圆胖，大眼小嘴，昂头挺胸，侧

临淄山王村汉代兵马俑

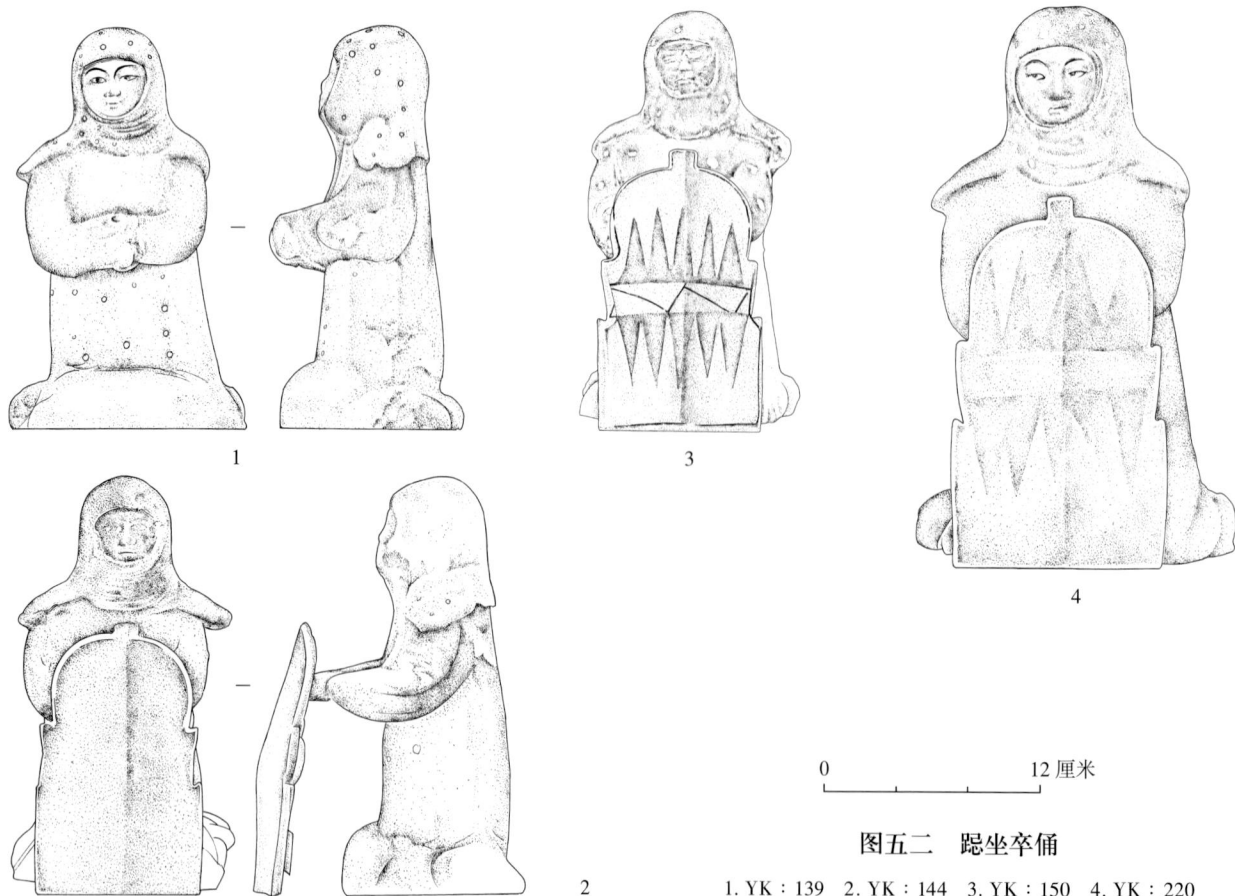

图五二　跽坐卒俑
1. YK：139　2. YK：144　3. YK：150　4. YK：220

0　　　　　　　　12 厘米

面放一彩绘盾牌。原有彩绘已脱落露出原色，仅脸、手部白彩明显，甲衣有白圆点。高22.0、宽12.0厘米（彩版二一）。

标本YK：140，通身彩绘已脱落露出原色，仅脸、手部残留白彩，风字盔罩住发髻至脖间，以保护头部及两侧，粗身细胳，面部表情严肃，神着长袍，外罩带有护肩的长袖甲衣，双臂环抱，双手紧扣置于胸前，双腿屈跪，侧放一彩绘盾牌。高22.0、宽12.5厘米（彩版二二）。

标本YK：148，面庞丰圆，凤眼樱口，身体锉矮，风字盔内衬束朱色帻，身着长袍，袍外为长袖护肩铠甲，体挺头仰，双臂环抱胸前，双手交握出中间有一孔，应是拿盾牌之处，双腿屈跪，侧面放一盾牌。通身彩绘已脱落不清，仅个别部位残存少许痕迹。高21.5、宽12.5厘米（彩版二三）。

标本YK：149，俑为踞坐姿，仰头挺胸，风字盔下只露脸部，身穿长袍，外罩长袖铠甲并带有护肩，面容憔悴，闭嘴垂眼，双臂环抱双手交握置于胸前，双手紧握处有孔。衣着彩绘脱落严重，原色上仅有零星白色圆点，其脸、手部涂白彩尚存少许。侧放一彩绘盾牌。高22.3、宽12.0厘米（彩版二四）。

标本YK：142，风字盔内衬束朱色帻，脸部形象年久已脱落不清，身穿长袍，外罩长袖护肩铠甲，两臂环抱双手交握置于胸前，手部残缺，袍摆遮盖下身呈踞坐姿。原有彩绘脱落较重，脸部及袍摆尚有少许白彩。侧面放置一彩绘盾牌。高22.4、宽12.4厘米（彩版二五）。

标本YK：187，俑面庞丰满，墨眉朱唇，鼻挺嘴抿，形象俊秀，体圆躯粗，身着长袍，外罩有金属泡钉饰品的长袖护肩铠甲，袍摆遮盖下身，踞坐于地，双手交握环抱置于胸前，通身彩绘已经露出原色，脸、手部白彩及甲衣上的白点残存清晰。边侧放一盾牌。高21.5、宽13.0厘米（彩版二六）。

标本YK：141，体形肥胖，头戴风字盔，内衬束朱色帻，盔从头部套至脖间，只露脸部，身穿长袍，外罩长袖护肩铠甲，表情温善，皱眉闭嘴，双臂环抱，两手紧握置于胸前，袍遮盖下身屈膝跪地，彩绘仅脸、手部残存白彩，下身残余部分朱彩。侧放一彩绘盾牌。高21.6、宽12.0厘米（彩版二七）。

标本YK：186，仰首挺身直立，呈踞坐姿，手部及下身残缺，面部模糊难辨，头戴风字盔，身穿长袍，外套长袖铠甲并带有护肩，双臂曲抱，双手交握置于胸前，侧放一盾牌，通身彩绘已失，仅有表示铠甲金属泡钉饰品的白色圆点清晰明显。残高21.2、宽10.5厘米（彩版二八）。

标本YK：159，俑面部俊秀，姿态端正呈踞坐姿，风字盔，盔内衬朱色帻，身穿长袍，外罩带护肩长袖铠甲，双臂曲肘环抱于胸前，双手交握，侧面放一盾牌，身上彩绘模糊不清露出原色。高27.5、宽21.5厘米。

（二）骑兵俑

49件。骑兵俑多正面跨于马上，头戴风字盔，罩住头部至脖间，只露脸部。身着右衽宽袖长袍，带有护肩及披膊，下穿宽裤，足蹬靴，而脚部尖小，面部五官清晰，凤目樱唇，表情肃穆。一般右手握拳下垂置大腿侧，左手握拳屈置胸前，似作控马状。也有双手置于胸前，作持物状，或双手上举作射箭状。马的形制基本相同，直立式，体态壮健匀称，挺胸仰头，面向前方嘶鸣，颈部鬃毛短而齐，曲尾高翘，尾梢束小结，四肢修长有力，马背有彩绘勾描鞍具。色彩有黑、白、朱三种。骑兵俑大部形状、服饰基本相同，但其姿势、神态略有不同。

标本YK：16，骑俑身略左偏，戴风字盔，只露脸部，身着护肩长袖甲，脸庞俊美，浓眉大眼，左手半握中空，自然下垂置于大腿外侧，右手握拳置于腹部，拳心有孔，原彩基本脱落，仅存有朱唇，白脸，盔甲上有白彩圆点图案尚存，下身呈宽扁马鞍形。高38.7、宽22.4、上身高20.5厘米（图五三，1；彩版二九）。

标本YK：19，正面骑坐式，风字盔，身着右衽长袖袍，外罩带有护肩长袖甲衣，上绘白色圆点图案，下穿宽裤。目视前方，容貌娟秀，粉面朱唇，右手上举的肩后部，左手屈举于脸前。

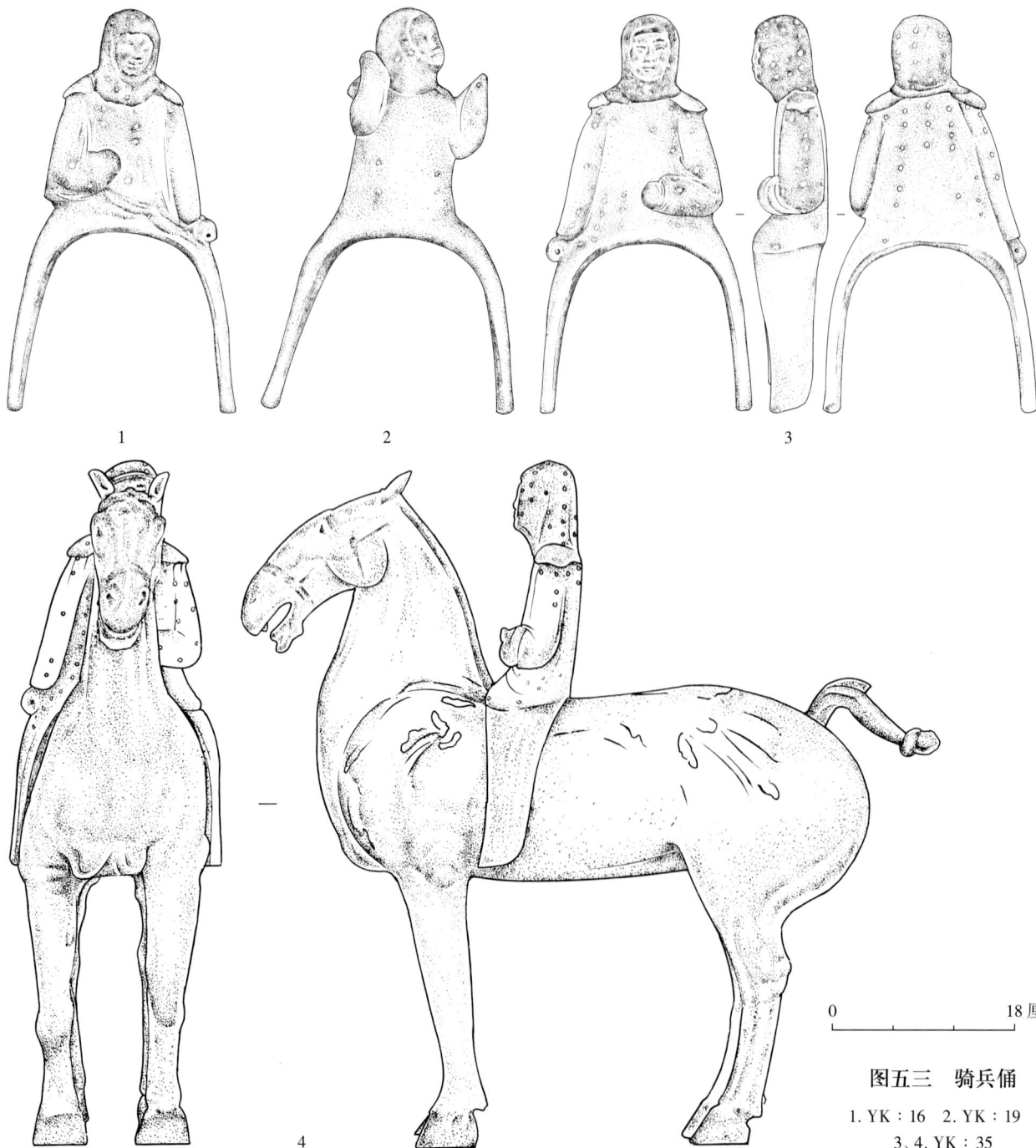

临淄山王村汉代兵马俑

0   18厘米

图五三　骑兵俑

1. YK：16　2. YK：19
3、4. YK：35

胯下之马昂首挺胸，四肢粗健，马尾高翘，背部有一彩色坐垫，绘制精美。机警挺立于地。原彩绘已脱落殆尽，仅残留人脸、手部斑斑白彩，马头部勾画缰绳。通高 60.2、通长 67.7 厘米（图五三，2；彩版三〇）。

标本 YK：35，骑俑身略前倾，戴风字盔，盔罩住头部至脖间，只露脸部，身着右衽长袖宽袍，带有护肩，下身宽裤。目视前方，宽脸、阔鼻，柳眉细目，左手握拳下垂置于腿侧，拳心有一孔，原应持物，已失，右手握拳屈置胸前，似作控马状，面、手部留存白彩，唇留朱红痕迹。所骑之马，挺胸仰头，长耳高耸，棱骨分明，尾束小结高高翘扬，背无鞍具但有色彩绘制坐垫。头有朱彩绘缰，背有墨彩勾勒的纹饰图案。通高 65.7、通长 68.4 厘米（图五三，3、4；彩版三一）。

标本 YK：37，骑俑身微左偏，头戴风字盔，身着带有护肩的长袖甲衣，甲上绘有白彩圆点，下穿紧裤，裤存白底色，面颊较宽，神态英俊，双手握拳抬置于胸前，拳心有孔，作持缰勒马状，马为白色，头高昂，嘴微张，体健臀隆，尾束结而高扬，背部有绘制细致鞍具图案。俑的面部及手部施白彩，眉眼墨勾，唇以朱点，马通身施彩绘图案，颈鬃短而齐整。通高 58.0、通长 66.0、俑高 40.0、宽 20.7 厘米（图五四，1、2；彩版三二）。

标本 YK：43，俑身左偏，弓背斜头，头戴风字盔，身着护肩长袖铠甲，面庞丰满，柳眉细眼，双臂曲肘上举，双手紧握置于头的两侧，拳身有孔，胯下之马高大威武，尾束结高翘，雄赳赳的呈站立姿。俑及马身原有彩绘已脱落仅余斑斑白彩，马头部尚有朱彩勾勒缰绳的痕迹。通高 63.7、通长 61.2 厘米（彩版三三）。

标本 YK：66，端正骑马姿，形象温和，目光平视，风字盔，身着带有护肩的长袖甲衣，下穿宽裤，左臂曲置于腹侧，右臂自然下垂至腰部，似为持缰控马状。所乘之马仰头呲牙，身体健壮，美尾高翘，身上彩绘均已脱落只露原色，局部残留少许白、朱彩。通高 56.5、通长 67.0 厘米（彩版三四）。

标本 YK：15，马上之俑扭身仰头，弓背前倾，动作强烈，双臂高抬，右臂曲蜷紧贴胸部，左臂曲肘上举，虎口张开，似为拉弩之姿，形神兼备，面庞清晰，柳眉细目。头戴风字盔，身着带护肩长袖铠甲，下为宽裤，脚部尖小。马呲牙瞪眼，双耳尖削，挺胸直立，宽胸高腿，马尾高翘。俑身彩绘殆尽，马通身只有斑斑白彩，头部有白彩勾勒缰绳线条。通高 59.7、通长 62.2 厘米（彩版三五）。

标本 YK：14，头戴风字盔罩住发髻至脖间，以保护头部及两侧，身着长袖铠甲并带有护肩，甲衣有金属泡钉饰品，下为宽裤、尖足，左臂自然下垂至腰部，右臂曲置于腹前，双手握拳，拳心有孔。俑侧面骑坐姿，满脸喜庆，弯眉眯眼，抿嘴上翘。马体健威姿，头部棱角分明，身上彩绘已失露出原色。通高 65.7、通长 62.2 厘米（彩版三六）。

标本 YK：62，俑低头侧身，左臂下垂握拳置于腰部，右臂曲肘握拳举于腹部，风字盔，上穿带护肩长袖甲衣，下为宽裤尖足，脸庞丰满，五官端正，神态祥和，甲上彩绘已露原色，仅存表示甲衣上金属泡钉的白色圆点，下骑高大威武之马，造型俊健，棱骨分明，阔胸圆臂，彩绘脱落不清。通高 62.7、通长 58.2 厘米（彩版三七）。

标本 YK：74，骑俑端正坐姿，头戴风字盔，上为长袖带护肩铠甲，下为宽裤，面部五官残而不清，左臂自然下垂置于腰部，右臂曲举紧贴腹部，双手均握拳，拳心有孔，应是持缰控马之状。身上彩绘脱落露出原色，甲衣有零星白彩圆点，马通身施有朱、白彩勾勒线条纹饰图案。

临淄山王村汉代兵马俑

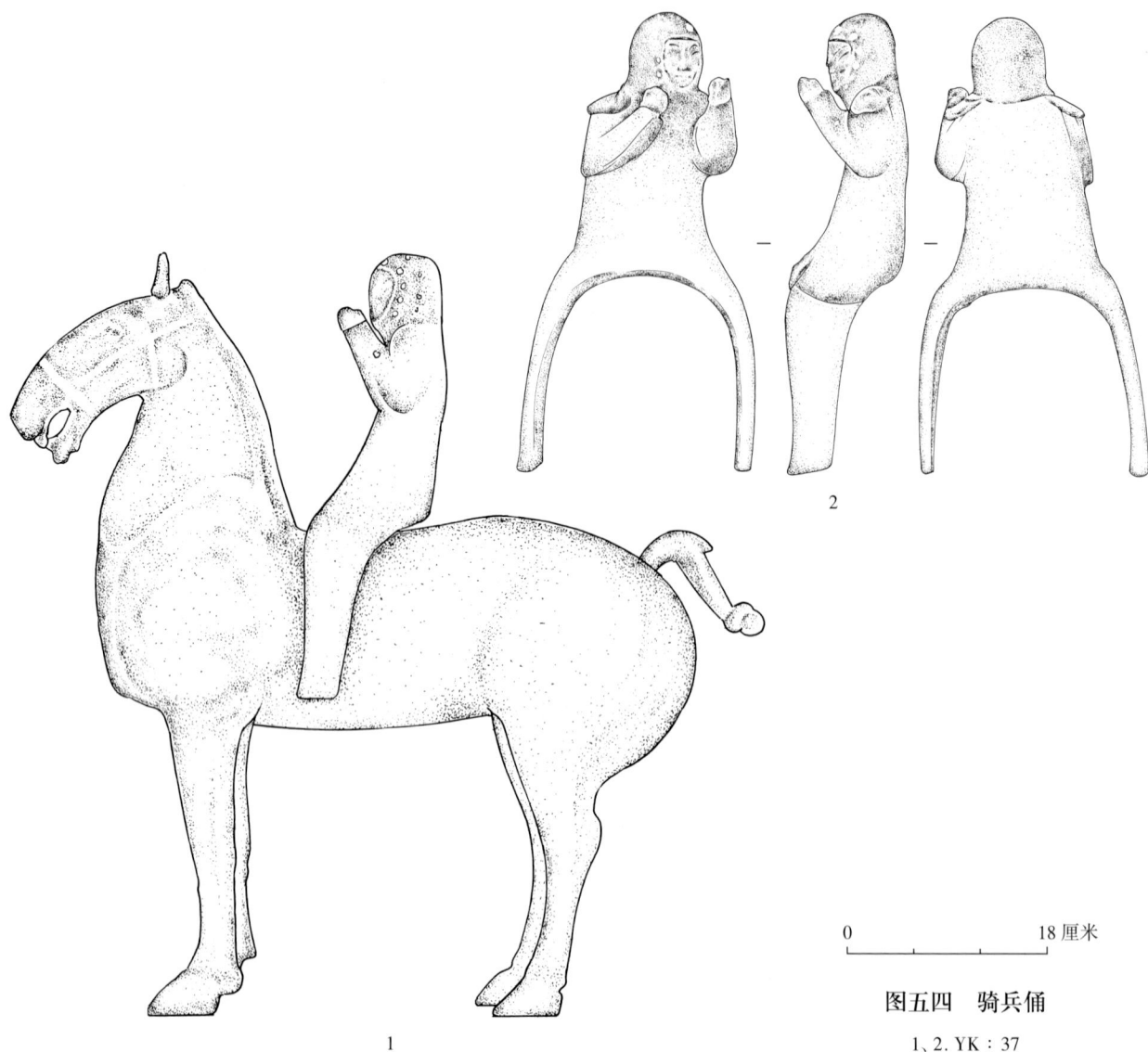

图五四　骑兵俑

1、2. YK：37

所骑之马抬头挺胸，肢健尾翘，恰似一匹即将出征的战马形象。通高 63.7、通长 60.2 厘米（彩版三八）。

标本 YK：73，头戴有金属泡钉饰品的风字盔，上穿带有金属泡钉的长袖护肩铠甲，下为宽裤、尖足，面施白彩，墨眉细目，挺鼻朱唇，左手曲置于腹部，右手自然下垂置于腰部，通身彩绘露出原色。所乘之马体壮骨健，仰头嘶鸣，头部五官棱角匀称，鬃毛齐短，精塑之尾高高翘起，彩绘已失露出泥色。通高 63.7、通长 61.2 厘米（彩版三九）。

标本 YK：12，风字盔罩住发髻至脖间，以保护头部及两侧，身着带有护肩的长袖铠甲，下穿宽裤，面部五官清晰，脸庞饱满，朱唇墨眉，目光正视前方，左臂曲置于腹部，右臂下垂贴置于腰部，双手握拳似做持缰催马之姿。下骑之马张嘴长嘶，竖耳警觉，瞪眼阔鼻，宽胸圆臀，四肢匀称。头部残存朱彩勾勒痕迹。通高 63.7、通长 60.2 厘米（彩版四〇）。

标本 YK：17，俑端正骑马姿，风字盔罩住发髻至脖间，只露脸部，身着带有护肩的长袖甲衣，下穿宽裤，五官模糊，面施白彩，右臂握拳自然下垂紧贴腰部，左臂握拳曲抬于腹部，身上彩绘脱落不清。坐骑神态警觉，挺立于地，肢健体匀，眉凸颊阔，精塑之尾高翘。马通身彩绘应精美无比，但现在已脱落斑斑点点失去了原有的风采。通高 61.7、通长 62.2 厘米（彩版四一）。

标本 YK：18，俑仰头上视，坐姿微倾，五官端正，面施白彩，高鼻丰颧，头戴风字盔，身着护肩长袖护肩甲衣，甲上彩绘隐约可见表示金属泡钉的白色圆点，右臂曲举置于腹部，左臂下垂置于腰间，右手握拳，拳心有孔，下穿宽裤，坐骑嘶鸣直立，四肢挺而有力，似像急奔之姿。尖耳内涂朱彩，通身彩绘脱落殆尽，原色尚有少许白彩勾勒迹象。通高 65.7、通长 58.2 厘米（彩版四二）。

标本 YK：23，俑直身仰头，目视前方，墨眉弯眼，高鼻樱口，风字盔，身穿护肩长袖铠甲，下穿宽裤，口紧足尖。左臂曲肘置于胸下，右臂自然垂贴于腰部，双手握拳有孔。脸、手部施白彩，所乘之马威风凛凛，口张眼凸，尖耳翘尾，胸阔健美，原有彩绘已失无存。通高 62.2、通长 65.7 厘米（彩版四三）。

标本 YK：27，坐骑体型匀称，尖耳美尾，鬃毛短平，仰头长鸣，露齿凸眉，身长肢挺。通身彩绘虽然已经脱落模糊，但仔细辨观尚有朱、墨、白等色彩勾勒的精美鞍具、穗头等纹饰，线条流畅，平面精彩，不得大加赞赏先人们的高超绘画技艺。俑身微倾，头略低，粉面宽额，柳眉细目，身着护肩长袖铠甲，下穿宽裤，右臂曲肘握拳置于腹部，左臂握拳下垂置于腰部，似做持缰勒马之状。原有彩绘全无露出原色。通高 65.7、通长 62.2 厘米（彩版四四）。

标本 YK：63，头戴风字盔，身穿护肩长袖铠甲，下穿紧口宽裤，右臂曲肘上举紧贴于胸前，左臂下垂置于腰部，双手握拳，拳心有孔，面部俊瘦，眉目不清，凸鼻阔嘴。胯下坐骑臀隆身高，张嘴嘶鸣，尖耳翘尾，俑及马身彩绘脱落严重。通高 56.5、通长 69.0 厘米（彩版四五）。

标本 YK：64，骑俑身体微胖，侧身斜目，面部丑陋，头戴风字盔，身穿长袖带护肩铠甲，盔及甲上绘有表示金属泡钉饰品的白色圆点，下穿宽裤，束口尖足，右臂曲肘上举置于胸前，左臂自然下垂贴于腰间，双手握拳。马张嘴呲牙，身材雄健。尖耳内涂朱彩，俑及马通身彩绘脱落较重，斑斑残色中露出泥之原色。通高 60.0、通长 65.0 厘米（彩版四六）。

标本 MB383，俑正面骑于马上，头戴风字盔罩住发髻至脖间，以保护头部及两侧，仅露脸部，面部表情沉着冷静，慈眉祥目，高鼻小口，身穿带护肩长袖铠甲，下穿宽裤，脚蹬尖靴，右手握拳下垂置于腰间，左手握拳曲肘置于腹部，似做控马持缰状。身上彩绘不清，残存少许白色圆点。高头大马，彪悍伟岸，仰头阔胸，四肢粗壮，颈之鬃毛短而平，面向前方嘶鸣。彩绘脱落仅有斑斑白衣夹杂原色，朱彩涂耳内、勾勒缰绳清晰尚存。通高 65.7、通长 60.2 厘米（彩版四七）。

（三）车兵俑

15 件。位于俑坑的前端，5 辆兵车排列有序，场景气势，呈行进状，由乘坐车内的指挥俑、车卫俑和驭车卒俑三部分组成。

1. 指挥俑

仅 1 名，乘坐最前端 1 号车，主乘者形体高大，与其步兵指挥俑的形制、大小、装饰基本相同。

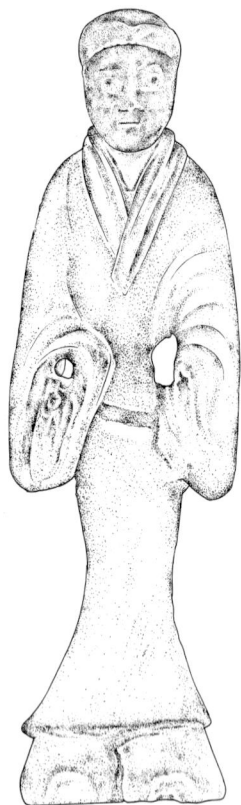

图五五　车兵指挥俑
YK：车 1-6

临淄山王村汉代兵马俑

0　　　　　12 厘米

标本 YK：车 1-6，俑为立姿，头戴帻，外罩武冠，身着三重衣：内为红领衣，中为白领衣，外罩博袖长袍，腰束黑带，下穿肥纨，脚蹬方口圆头履。阔嘴，眉浓，目睁，炯炯有神，双手置于腹前，已残缺，但前端腕处均有孔，疑为手部的安插部位，左肋中间有宽孔，作用不清。袍服有彩绘已脱落较重。高 42.5、宽 12.4 厘米（图五五；彩版四八）。

2. 车卫俑

9 件。俑为立姿，除 1 号车 1 名外，其余 4 辆车均为 2 名。车卫均站立在车的左右两侧，头戴风字盔，盔内束红色或黑色帻，盔罩住发髻保护头部及两侧，只露脸部，身穿至膝长袍，外罩带有护肩长袖甲衣，上绘白色圆点图案，足蹬圆头平底靴。宽庞、阔鼻，表情各异。双手紧握环抱于腹部。俑的面部和手部多数施以白彩，部分长袍施以白彩或橘红色彩。

标本 YK：车 2-5，面向正方而立，头戴风字盔，脸部外露，盔罩住发髻至脖间，保护头部及两侧，身穿至膝长袍，外罩长袖甲，并带护肩，脚穿圆头平底靴。面庞俊瘦，双目平视，眉挑目圆，表情沉稳。双手交握环抱置于腹部，身施彩绘，墨勾眉目，朱砂点唇，脸、手部及袍服施白彩，袍服绘有白彩圆点图案。高 30.4、宽 8.9 厘米（图五六，1）。

标本 YK：车 4-7，端正立姿，容貌饱满，挺鼻樱口，表情严肃，戴风字盔，内束帻（包束头发的单巾）只露脸部，身穿至膝长袍，外罩双护肩长袖甲，圆头平底靴。双臂环抱置于腹部，两手交握。身原施色彩现褪落殆尽，仅剩甲衣上绘有排列整齐的白点图案，应表示甲上的金属泡钉饰品。高 30.7、宽 8.9 厘米（图五六，2）。

标本 YK：车 5-7，直立姿，风字头盔，内在用帻（包束头发的单巾）由前额向后脑裹束，盔罩住头部及两侧，仅露脸部，身穿至膝长袍，外罩护肩长袖甲，甲上绘白点图案，足蹬圆头平底靴。脸庞清瘦，挑眉圆眼，表情平和。作持物状双手交握环抱置于腹部。原色彩现脱落不清，仅可看出墨勾眉眼，脸及手部施白彩。高 30.8、宽 9.5 厘米（图五六，3；彩版四九）。

标本 YK：车 5-5，直立姿，脸庞清瘦，挑眉圆眼，眉眼勾墨，粉面白手，风字头盔，内在用帻（包束头发的单巾）由前额向后脑裹束，盔罩住头部及两侧，仅露脸部，身穿至膝长袍，外罩护肩长袖甲，甲上绘白点图案，足蹬圆头平底靴，双手交握外露环抱于腹部，作持物状。高 31.0、宽 10.0 厘米（彩版五○）。

3. 驭车卒俑

5 件。皆正面直立姿，除 1 号车因指挥俑位于车舆中部，而驭卒俑位于车右侧的位置，其余 4 辆车的驭卒均处于车舆的中部。车驭俑均头戴风字盔，身着战袍铠甲，足蹬战靴，双手交握拱置于腹部，呈握缰绳驾车状，原色彩大部分脱落，仅余粉白底色及白点图案。

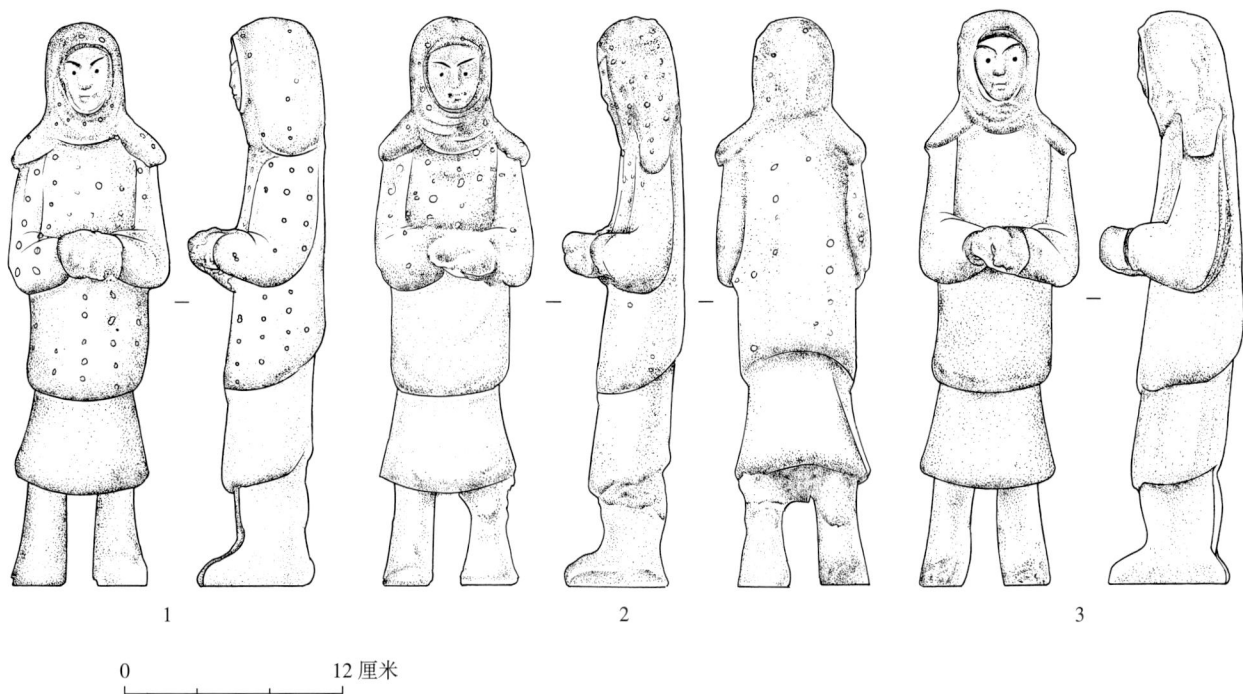

图五六　车卫俑

1. YK：车 2-5　2. YK：车 4-7　3. YK：车 5-7

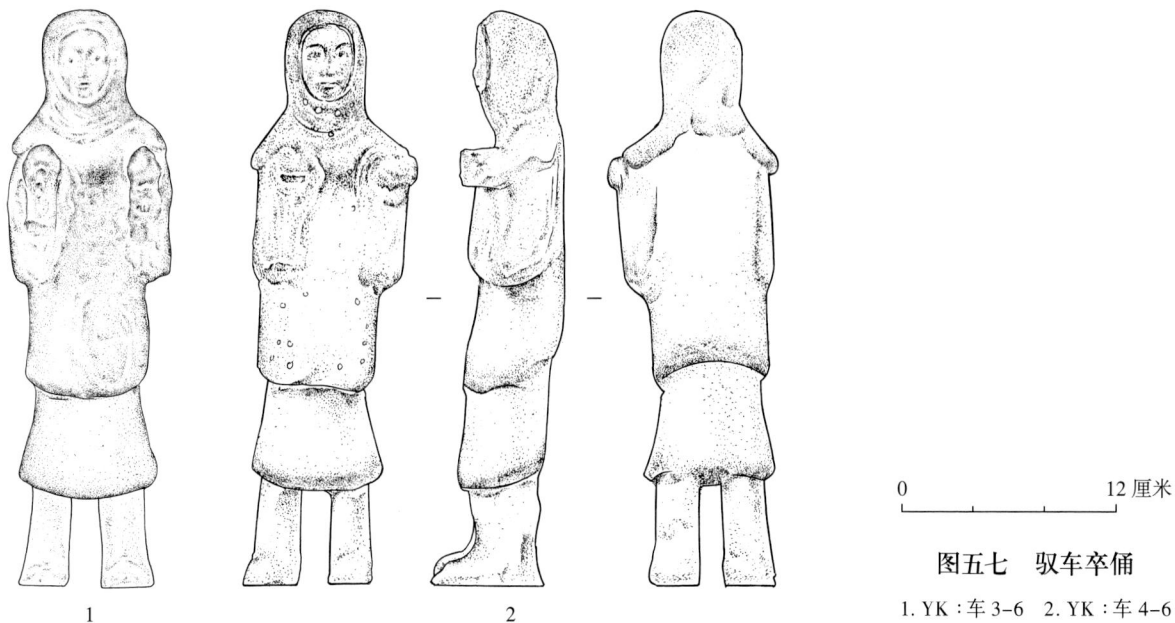

图五七　驭车卒俑

1. YK：车 3-6　2. YK：车 4-6

标本 YK：车 3-6，风字盔，前额向后脑裹束朱色帻，面施白彩，墨勾目，唇涂朱，身穿至膝长袍，外罩长袖铠甲并带护肩，脚穿圆头平底靴，挑眉圆眼，神情严肃。双手交握于腹前，手上部有孔，似持缰驭车状。高 30.8、宽 8.8 厘米（图五七，1；彩版五一）。

标本 YK：车 4-6，头部右侧而立，头戴风字盔，盔罩住发髻至脖间，保护头部及两侧，身穿至膝长袍，外罩长袖甲并带护肩，长筒平底靴，面秀庞丰，柳眉细目，表情微忧。双臂置于胸部上举，手部残缺。俑面残存白彩、朱唇，甲衣上存有白点图案。高 30.7、宽 9.7 厘米（图五七，2）。

标本 YK：车 1-7，粉面清瘦，双目墨勾，手部施白，风字头盔，内在用帻（包束头发的单巾）由前额向后脑裹束，盔罩住头部及两侧，仅露脸部，身穿至膝长袍，外罩护肩长袖甲，足蹬圆头平底靴，双手交握拱于腹部，作持缰站立状，身上色彩脱落较重。高 34.0、宽 10.0 厘米（彩版五二）。

（四）护卫俑

64 件。护卫俑均头戴垂肩风帽盔，面容肃严，双足微分而立，身着带有护肩紧袖铠甲，甲衣上点缀着白色圆圈纹，内穿紧身至膝袍服，其双手相握曲肘置于胸前，下身宽裤，脚蹬战靴，盾牌紧靠身前放置，从形态看手应持有盾牌，盾正中起一脊棱，彩绘脱落较重，仅个别部位尚存，一般高度在 30.0~31.0 厘米。与从总体的形态看，与步卒站立俑基本相同，是一位侍兵卫士的形象。

标本 YK：475，俑头戴风字盔，盔罩住发髻保护头部及两侧，身穿至膝长袍，外罩长袖甲并带护肩，下穿缚裤，露出圆头平底靴。面庞俊瘦，挺鼻厚嘴，双手作紧握状置于腹前。俑身施彩绘，脸部、手部施白彩，甲有白彩圆点图案，俑前放有上圆下方的盾牌。高 30.2、宽 9.5 厘米（图五八，1）。

标本 YK：481，身材俊瘦，粉面朱唇，风字盔，两侧有护耳及肩，身穿至膝长袍，外罩护肩白色长袖甲，前后均绘白色圆圈纹，足蹬圆头平底靴。双手施白彩外露交握紧贴腹部，俑前

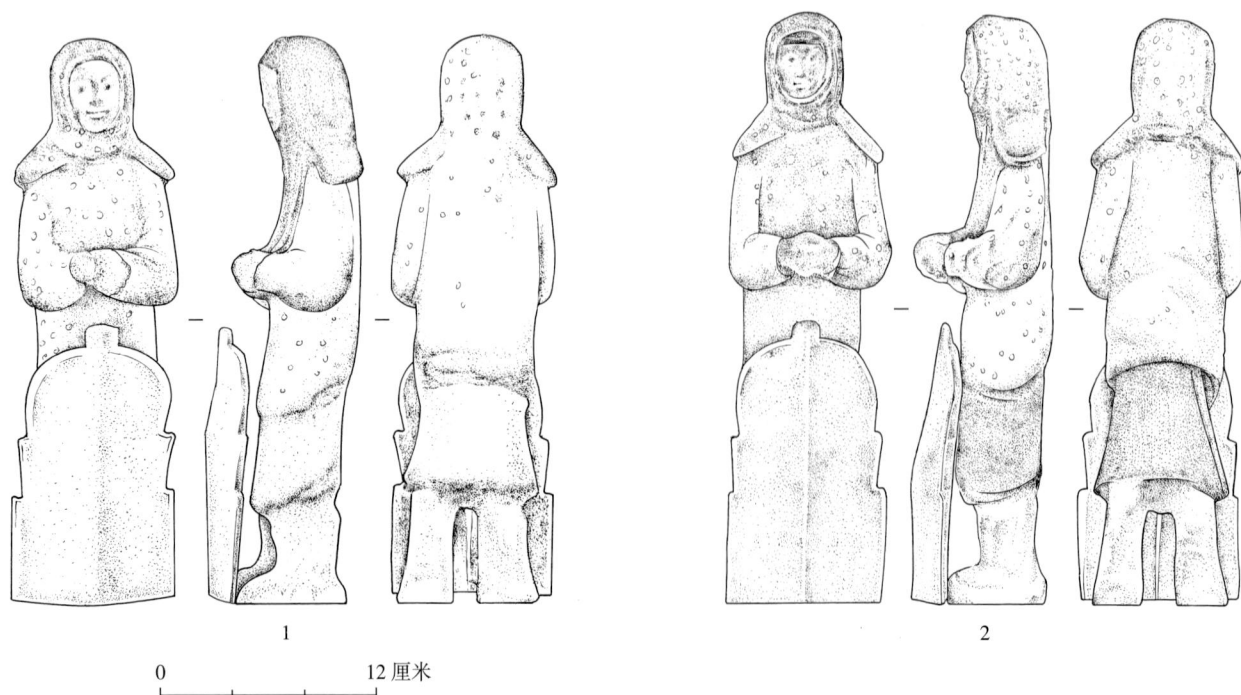

0 ———————— 12 厘米

图五八　护卫俑
1. YK：475　2. YK：488

临淄山王村汉代兵马俑

放有上圆下方的盾牌。高 30.8、宽 8.7 厘米（彩版五三）。

标本 YK：485，戴风字盔，身着护肩长袖甲，白色甲上勾点着白色圆纹，俑柳眉杏眼，表情严肃，一幅镇定威严的神态，双手紧握于腹部，前放一上圆下方的盾牌，拳中有孔，双手应为持盾之物。高 30.0、宽 9.5 厘米（彩版五四）。

标本 YK：488，前额用帻（包束头发的单巾）向后脑裹束，戴风字盔，身穿至膝长衣，外罩带有护肩长袖铠甲。足蹬战靴，弯眉圆目，鼻挺嘴小，双手交握环抱置于胸前，身施彩绘，有白、朱、黑等色彩。俑前放有上圆下方盾牌。高 31.5、宽 9.05 厘米（图五八，2）。

二　文吏俑

13 件。均为正首端正立姿，身施彩绘，根据其身材的大小及职能分为官吏俑和门吏俑两类。

1．官吏俑

4 名。均出自俑坑的北部后宅院的车马出行阵中。标本 YK：352、353 在西部 8 号车后 9 号车的前面，面对 9 号车。标本 YK：354、355 两件位于 10 号车的前面对 10 号车。官吏俑均为男俑，呈站立状，头戴冠，两侧有系带，结髻于冠下，身着交领右衽三重深衣，外罩博袖长袍，

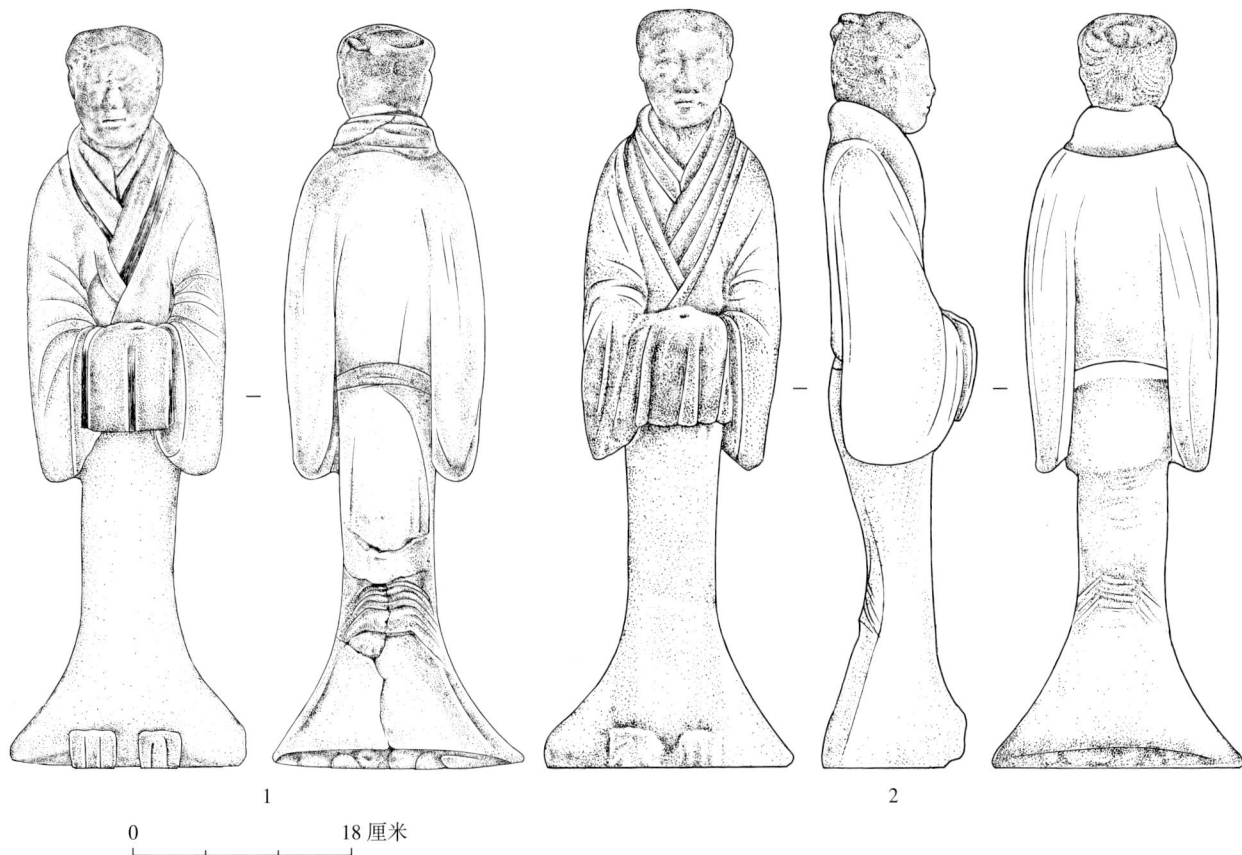

0 ———————— 18 厘米

图五九　官吏俑

1. YK：352　2. YK：353

双手隐袖内环抱置于腹前，足蹬方履，履头上卷。俑体态端庄，脸庞轮廓分明，尽显温雅之气，袍身多施朱彩，应是汉代时期陶塑艺术中少有的精品。

标本YK：352，头发中分向后梳拢，至顶部挽结髻于冠下。身着三重深衣，皆交领右衽，领口层次分明，里层和中层分别为红领和朱红领长衣，外层为朱红领黑色博袖长袍，下摆宽大成喇叭形，袍长及地，仅露方头履尖，袍身存有少许白彩。双手环抱置于腹部，手隐袖内，袖前端是红彩，中间处有孔，应插有物件。俑面庞丰韵，眉目不清，嘴角微翘。作恭顺侍立状。高59.0、宽16.0厘米（图五九，1）。

标本YK：353，头戴冠，结髻于冠下。身着交领右衽三重深衣，里层和中层为长衣，外罩为博袖长袍，长袍下摆宽大，似现在的喇叭裙，遮盖及地仅露履尖，双手隐袖内环抱置于腹前，在袖口中上有插孔。鼻挺而宽，抿嘴含笑。从残存痕迹看，袍服当为朱色，现已脱落露出白衣，领、袖及唇朱砂勾绘尚存明显。高59.0、宽16.0厘米（图五九，2；彩版五五、五六）。

标本YK：354，冠下结髻，身着交领右衽宽袖三重袍。双臂曲肘手隐袖内环抱于腹前，双手交握出有插孔，应持有物，已失，面带笑容，温文尔雅，造型生动，外袍全身施朱彩，眉目施墨，唇部涂朱，头部、领、袖口白彩保存尚好。高59.0、宽16.6厘米（图六〇，1；彩版五七、五八）。

标本YK：355，发中分挽结于冠下，身着阔袖交领右衽三重深衣，第一、二重皆为压领、右衽，外罩无肩长袍，袍下摆宽大，似现在的喇叭裙，遮盖双足，仅露履，尖头上卷。双手隐于袖内

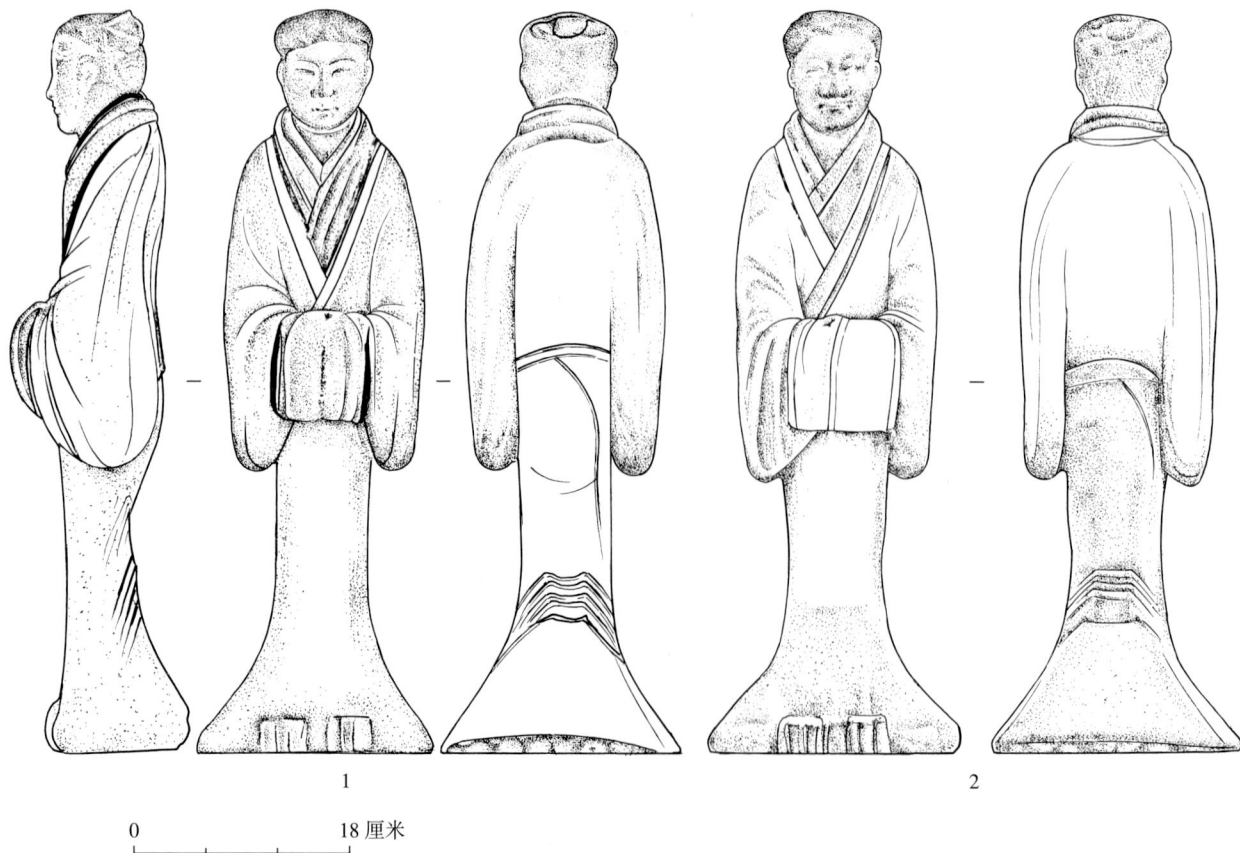

图六〇　官吏俑

1. YK：354　2. YK：355

0　　　　　　　18 厘米

036

环抱置于腹前，袖口上部有孔。此俑面庞圆润，大耳，慈眉善目，抿嘴含笑。此俑造型高大精致，形态美伦。原色彩可辨，面部仅存白彩，唇、领有朱彩勾点。高58.5、宽20.8厘米（图六〇，2；彩版五九、六〇）。

2. 门吏俑

7件。分别位于前后大门内外。在前大门前右侧有1名门吏俑，做迎宾状，右门房内有2名站立的门吏俑。后院大门前有3名侍俑，其中门厅前两侧各有1名，另1名位于大门东侧，面向西朝大门向站立。而大门内侧也有1名体型较小的门吏俑，位于门厅内西侧。俑为立姿，头戴红色帻，外罩冠，身着三重衣，皆为交领右衽，下着肥绔，脚蹬方口圆头履。

标本YK：76，端正立姿，冠下戴红色帻，宽脸阔额，眉目模糊，高鼻厚唇，身着交领右衽三重衣，腰束黑带，袍下肥绔裹包足部，仅露履尖，双臂屈置于腹部，右手前伸，左手半握，似持物，已失，原彩绘脱落较重，仅唇存朱彩，身露部分白衣。高42.6、宽11.0厘米（图六一，1；彩版六一）。

标本YK：77，头罩冠，额前束帻，两侧有较宽系带，遮双耳系于颌下。鼻挺嘴阔，神态严肃，身着三重衣，均为右衽交领无肩长袖袍，袖子宽大，膝部微束，下摆呈喇叭状。下穿肥绔，遮盖脚部，只露方口圆头履尖。原彩绘已脱落，仅存领口朱勾，头部，袍服有少许白彩。高42.5、宽12.0厘米（彩版六二）。

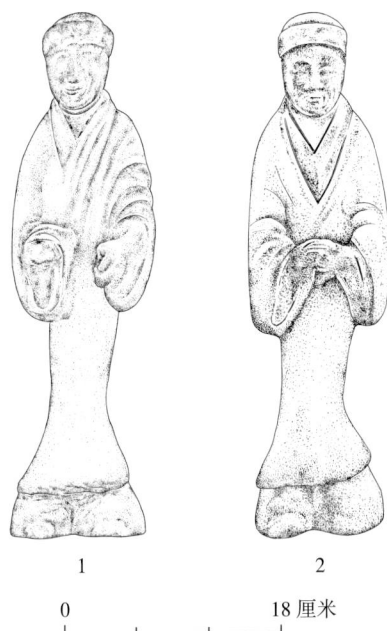

0 ——————— 18厘米

图六一　门吏俑
1. YK：76　2. YK：372

标本YK：372，头戴红色帻，外罩冠，面庞丰满，身材瘦高，目视正方，墨绘眉目，唇部施朱。身着三重衣，皆为交领右衽，外罩红领博袖袍，腰束黑带，袍及脚踝，足蹬圆头履。双手裸露于袖口外，叠握拱于胸前，拳心有上下贯通的圆形孔，头微低，双腿微曲，作恭顺侍立状。高42.0、宽12.0厘米（图六一，2；彩版六三）。

标本YK：370，正面立姿，前额束红色帻，外罩冠，面庞长圆，双目平视，玉面朱唇。身着交领右衽三重衣，外罩红领博袖袍，腰束黑带，袍摆下露出长及足部肥绔，蹬圆头履，双腿微曲。双手裸露于袖口外，叠握拱于胸前，拳心有上下贯通的圆形孔，手中应托有物品，造型苗条大方。高41.5、宽12.0厘米（彩版六四）。

三　侍从俑

34件。可分为侍从和侍卫两类。

（一）侍从俑

26件，均为女性。根据身份和形态的不同可分为侍从俑和侍奉俑两种。

1. 侍从俑

6件。均为恭顺侍立状，发式为前额中分向后梳至颈部挽成垂髻，容貌秀丽，端庄大方，眼睛平视，口涂朱彩。身着三重袍皆为压领、右衽长袍，外罩袍高领、无肩、袖子宽大，袍服

图六二　侍从俑

1. YK：350　2. YK：351　3. YK：360　4. YK：361

临淄山王村汉代兵马俑

腰部细窄而下摆形成宽阔的喇叭裙状，遮掩双足。从残存的痕迹看，袍多施白色，领、袖口以朱彩线略加勾绘，双手隐袖中环抱腹前，似现汉代淑女的生动形象。

标本 YK：350，发中分向后脑梳拢，于颈部收束上有冠。身着三重袍，内层为圆领长衣，中层为长衣，外罩右衽宽袖无肩长袍，长袍膝部紧束，喇叭状下摆宽大，遮盖双脚，手合拢隐袖内环抱于腹部。头微低，隆鼻小嘴，面庞瘦俊，表情恭顺。朱唇，袍服为白彩，领衽及袖口勾朱色线条。高34.5、宽16.0厘米（图六二，1；彩版六五、六六）。

标本 YK：351，俑微屈膝而立，略微羞涩，柳眉细目，面粉唇朱，头梳垂髻，身着三重衣，一重为圆领长衣，二重为右衽长衣，三重为右衽宽袖无肩长袍，袍服膝部紧束，下摆形成喇叭状。双手合拢隐袖内环抱腹部，身施彩绘已脱落露出白衣。高34.0、宽15.6厘米（图六二，2；彩版六七、六八）。

标本 YK：360，发颈后束挽成垂髻，柳眉、朱唇，身着右衽三重袍，内衬圆领衣，外罩右衽、宽袖、无肩、高领长袍，裙摆宽大盖掩双足，双手隐袖内拱于胸前，袍领、袖及下摆施朱彩，保存较好。高34.5、宽15.4厘米（图六二，3）。

标本 YK：361，垂髻，身着三重袍，一重为白色圆领长衣，二重为红领长衣，三重为黑领白色长衣，但其领口开的很低，近于胸下，外罩宽袖流肩至膝长袍，膝上端瘦束，足掩裙内，直立于地，双手合拢环抱腹部，面庞清瘦，目温面善。俑身歪斜，但喇叭状下摆宽大增加了稳定感。身施白彩，现大部分脱落较重。高37.0、宽17.2厘米（图六二，4；彩版六九、七〇）。

标本 YK：362，俑微曲膝侍立姿，头发束垂髻。身着三重袍，内为双重圆领、右衽长衣，外罩右衽宽袖无肩长袍，袍下摆宽大及地，盖住了足面。双手合拢环抱于腹部，手隐袖内，面庞清秀，身材姣美。俑身有彩绘，脸部、手部及袍身施白彩，袍服局部存有少许朱彩。高34.9、宽16.4厘米（图六三，1；彩版七一、七二）。

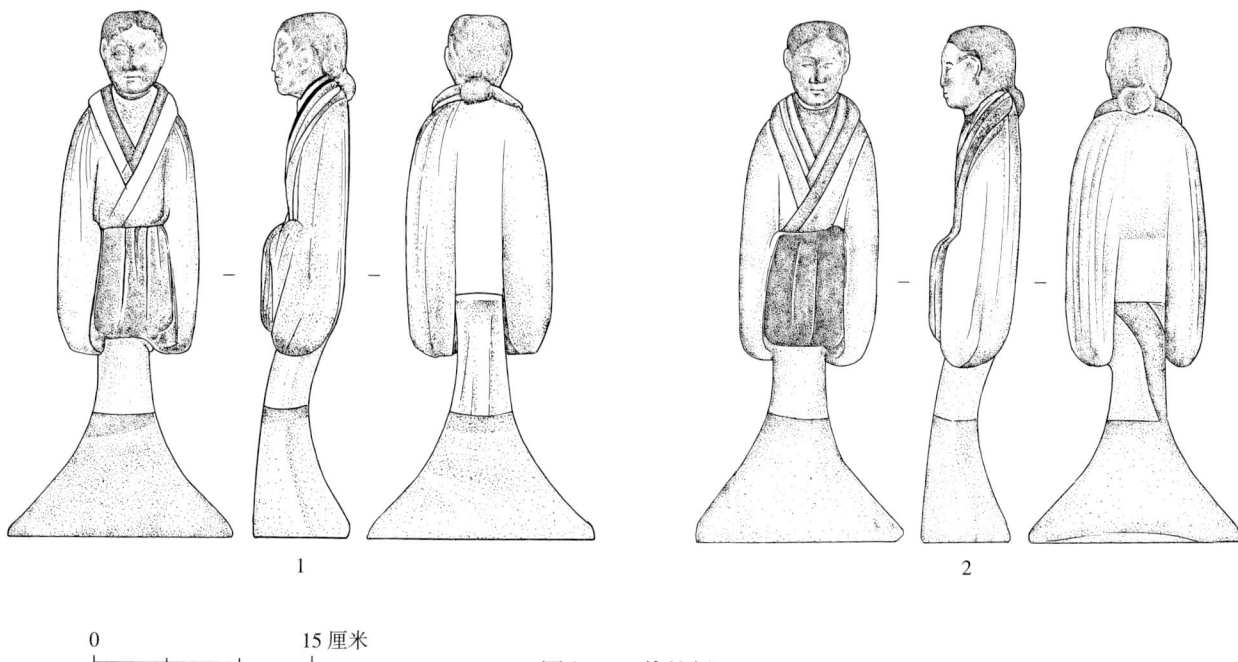

0 _____ 15厘米

图六三 侍从俑

1. YK：362 2. YK：363

标本 YK：363，柳眉凤眼，容温面雅，发中分至颈后挽梳成垂髻。身着三重袍，一重为圆领长衣，二重为压领长衣，三重左衽长袍，外罩高领流肩宽袖长袍，膝部上端瘦束，下摆宽大成喇叭状，双手隐袖内环抱置于腹部，朱唇，袍施白彩，领、袖、内衣及裙摆均涂朱彩，原色彩保存较为清晰。高 34.5、宽 15.0 厘米（图六三，2；彩版七三、七四）。

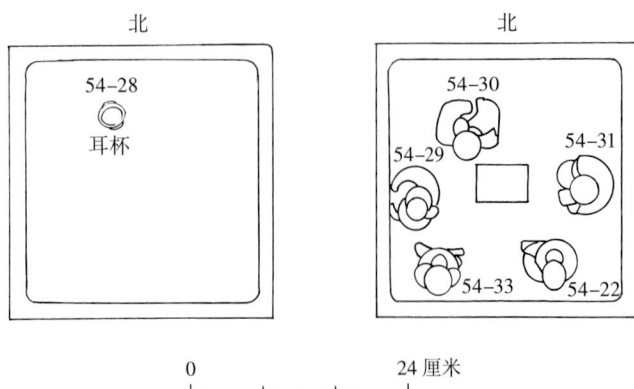

图六四　侍女娱乐场景YK：54下部内视

2. 侍奉俑

20 件。均女性，大部在后宅院寝房内，个别在门口外。54 号陶楼一楼有 5 名女俑环绕方形棋盘团座（图六四；彩版七五）。57 号寝房内有 6 名坐俑，环绕团座，中间有方形棋盘和琴、鼓以及耳杯等，呈现休闲娱乐场面（图六五；彩版七六、七七）。另外在 55 殿堂内残存 3 名坐俑（图六六），及在其他寝房 56、58、59 内各有 2 名相对跽坐场景。这类俑均为女性跽坐式，头发于后脑部挽成垂髻，身材略为矮小，

容貌俊秀，柳眉樱口。这些女俑动作和表情都比较丰富，身着右衽宽袖无肩长袍，袍摆宽大，遮盖双足，屈膝跪地，腰身挺起，为汉代标准的坐姿；双手大多隐于袖内环抱于胸前，其保存状况较佳，袍服原色彩已脱落，仅存留部分白彩，造型秀美，又让人感到轻盈、温雅的艺术美感，并再现了汉代"窈窕淑女"的生动形象。

标本 YK：54-29，面向微侧，身为前倾跽坐姿，乌发梳挽结收束为垂髻。身着右衽无肩长袍，双手于袖内环拱于胸前，作持物状，膝屈跪地，面颊丰满，长眉、高鼻、薄唇，白彩袍服。高 14.0、宽 9.0 厘米。

标本 YK：54-30，头略低，身屈跪跽坐姿，垂髻。身着右衽无肩长袍，袍袖宽大，双手隐

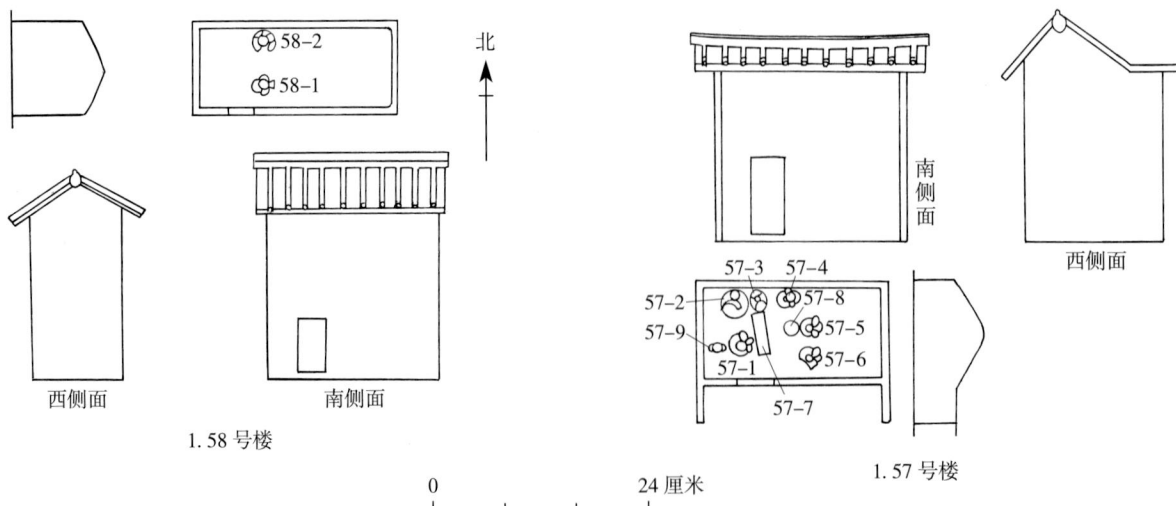

图六五　侍女娱乐场景YK：57、58 内视

袖内拱于胸前，原当执物，已失，双膝跪地，柳眉细目，表情敬顺。原色彩仅残留墨勾眉目及袍服有少许白彩。高 14.0、宽 6.5 厘米。

标本 YK：54-31，面相轮廓分明，俊鼻樱口，发挽结为垂髻。身着右衽宽袖无肩长袍，双手隐袖内拱于胸前，下身屈跪着地，作侍奉状。手部、面部残存白彩。高 13.7、宽 7.6 厘米（图六七，1）。

标本 YK：54-32，发梳拢挽结收束为垂髻。身着右衽无肩长袍，双臂屈肘于胸前，双手隐袖内，摆掩双膝跪地，作持物状。眉目不清，表情恭顺。身施彩绘，已脱落殆尽。高 14.0、宽 7.0 厘米。

标本 YK：54-33，踞坐姿，发于后脑部挽束成垂髻。身着右衽无肩长袍，双手隐于宽大袖内，环拱于胸前，双膝跪地。面庞俊秀，柳眉细目，原彩绘仅存少许较好。高 14.2、宽 7.3 厘米。

标本 YK：55-7，俑身微前倾，头发梳拢于脑后挽结收束成垂髻。身着右衽长袍，袍无肩，袖子肥大，双手环拱于胸部，手隐袖内，手上应持物，现已失，双膝跪地。玉面唇艳，柳眉杏目。墨勾眉朱点唇，通身施白衣。高 14.5、宽 9.0 厘米（图六七，2）。

标本 YK：55-8，正面踞坐姿，结发为垂髻。

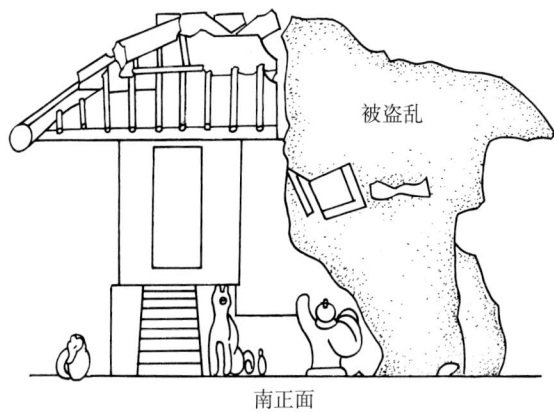

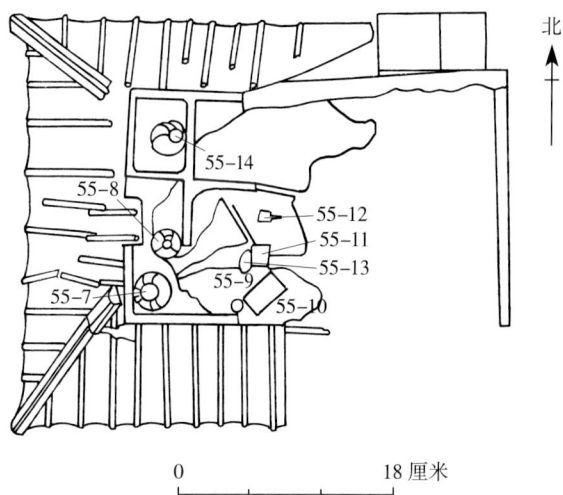

图六六　侍女娱乐场景 YK：55 内视

0 ——————— 12 厘米

图六七　侍奉俑

1. YK：54-31　2. YK：55-7　3. YK：55-14

叁　陶俑

身着无肩宽袖右衽长袍，双手隐于袖内环拱于胸部，头微低，双膝跪地，作恭顺状。面清貌瘦，挑眉细目，原彩绘已脱落仅存斑斑痕迹。高 14.2、宽 7.0 厘米。

标本 YK：55-14，略低头踞坐姿，头发梳拢于脑后挽结收束为垂髻。身着无肩宽袖右衽长袍，双手环拱于胸前，手隐袖内，手上应有托物，已失，屈身跪地，作恭顺状，容貌饱满，高鼻宽嘴，脸部施白彩。高 14.0、宽 8.0 厘米（图六七，3）。

标本 YK：57-1，身微倾踞坐，脑后梳拢为垂髻，身着无肩宽袖右衽长袍，摆掩下身，因色彩脱落，仅袍服存留少许白彩。双手于袖内相叠于胸前，手上似有托物。作捧物状，身微前倾，双腿屈膝着地。容貌秀丽，鼻挺嘴抿，面带笑意。高 14.2、宽 9.0 厘米（图六八，1；彩版七七）。

标本 YK：57-2，发梳拢于脑后束为垂髻，身着右衽无肩长袍，双臂环抱置于胸前，手隐袖内，颔首欠身作踞坐状。双腿跪地。眉目不清，直鼻抿嘴，神情恭敬。身施彩绘，现已脱落不清。高 14.0、宽 8.3 厘米。

标本 YK：57-3，俑身微前倾，面庞清俊，双目垂视。头发梳拢于脑后为垂髻。身着右衽宽袖长袍，双臂屈抱置于胸部，双手可能分塑而成，现已失，只在双腕处留有插手部的圆孔，双腿屈跪。通身施以白彩。高 14.0、宽 9.0 厘米（图六八，2）。

标本 YK：57-4，发梳拢收束为垂髻，身着高领宽袖右衽长袍，袍服施存白彩。双臂屈举于脖前，双手分开，掌心向上，举至颚下，身为前倾，作捧物状。双膝跪地呈踞坐姿，面目不清。高 14.5、宽 8.0 厘米（图六八，3）。

标本 YK：57-5，女俑粉面朱唇，脑后垂髻。身着右衽无肩长袍，双手隐于袖内环拱于胸前，下摆宽大，双腿屈膝着地，为踞坐之姿。原有彩绘已脱落，个别部位留有白彩痕迹。高 14.0、宽 8.5 厘米。

标本 YK：57-6，头部微前倾，发脑后束为垂髻，面颊丰满，粉面樱唇，身着长袍为压领、

图六八　侍奉俑

1. YK：57-1　2. YK：57-3　3. YK：57-4

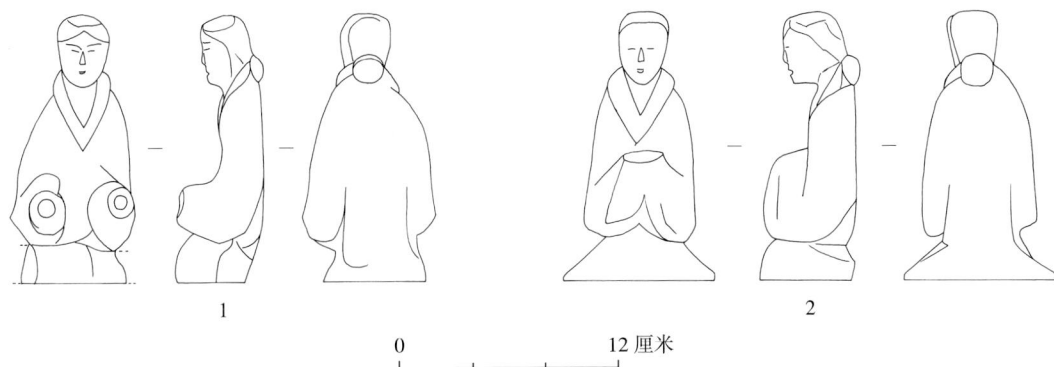

图六九　侍奉俑

1. YK：58-1　2. YK：58-2

右衽、宽袖、双手环拱于胸前，手隐袖内，作恭敬状，屈膝而，腰身挺起，呈跽坐姿。彩绘仅存白衣和其上少许朱彩。高 14.2、宽 7.0 厘米。

标本 YK：58-1，跽坐姿，乌发于颈部挽成垂髻。眉清目秀，表情悠闲，身着宽袖右衽无肩长袍，袍存少许白彩。双手分开于腹部前伸，手部已失，只在双腕处留有插手的圆孔。袍摆掩下身跪地，下身两侧缺失，身躯微前倾。高 14.0、宽 7.0 厘米（图六九，1；彩版七八）。

标本 YK：58-2，头发向后梳拢，顶部中分，至脑后收束为垂髻，俑面庞丰满、隆鼻、朱唇，着右衽无肩长袍，袖子宽阔腰部纤细，袍服施朱彩，双手合拢，隐袖内环抱胸前，腰身挺起，屈膝跪地，为端正坐姿，头微低，脸部施白彩。高 14.0、宽 8.3 厘米（图六九，2）。

（二）侍卫俑

8 名。均为骑马侍卫俑，根据俑的造型及形象特征、穿着装扮可分为汉人侍卫俑和胡人侍卫俑。

1. 汉人侍卫俑

4 件。分别在 8 号车、11 号车左右两侧。

标本 YK：348，侧脸向右，回首作张望状，戴红色武冠，身上长袖铠甲清晰可见，并有护肩。浓眉大眼，宽嘴紧闭，脸部、手部有白色彩绘。右手握拳曲于胸前，似执缰状，左手握拳自然下垂置于腰侧。马为白彩，双耳警竖，仰首挺胸，背无鞍具。高 40.0、宽 23.2、身高 22.6 厘米（图七〇）。

标本 YK：349，目视前方，头戴红色武冠，两颊有风带系于颏下。身着右衽短襦两重衣，下着曲线纹裤，尖头鞋，面部饱满，长眉细目。左手呈半握状曲于腹前，似执缰状，右手握拳自然下垂置于腰侧。左肋下有一孔贯穿前后。通身饰以白彩，头部、五官及领口有清晰的墨彩勾绘。下身呈宽扁马鞍形。高 36.4、宽 19.0、上身高 22.6 厘米（图七一，1、2）。

标本 YK：364，侧脸向右，武冠以墨勾朱涂，身着右衽短襦两重袍，上色彩已脱落仅余白衣，凤目樱唇，端庄英俊，五官墨彩勾画细致。左手呈半握状曲于腹前，似执缰状，右手握拳自然下垂置于腰侧。左肋下有一孔贯穿前后，作用不详。双腿分开呈骑马状。高 38.0、宽 19.0 厘米（图七二，1；彩版七九）。

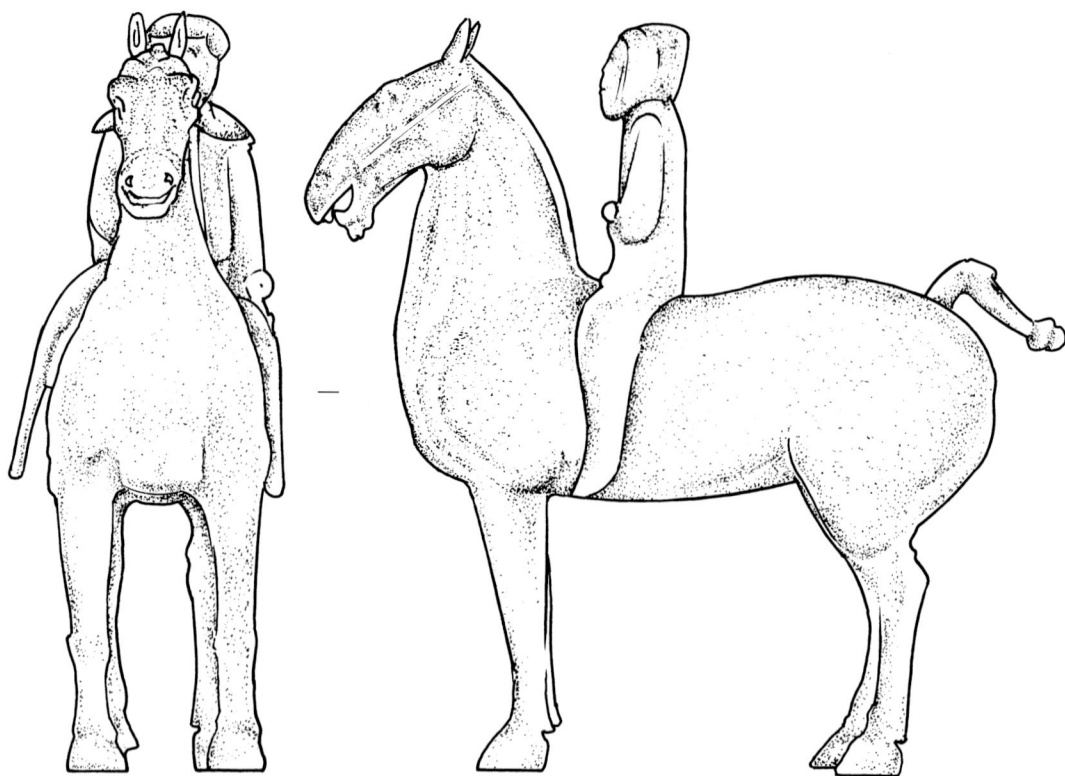

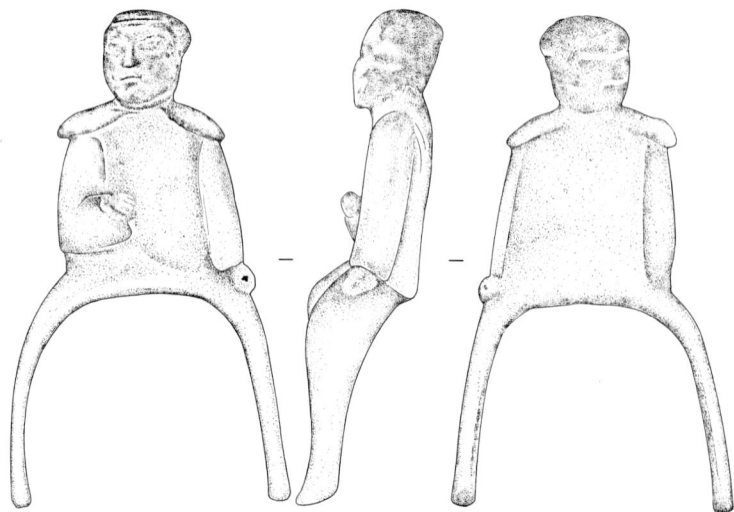

2

图七〇　汉人侍卫俑 YK：348

0　　　　　　　　　　18厘米

2．胡人侍卫俑

4件。均在后院车马出行阵中，分别在9号车、10号车左右两侧，大体呈东西向并行排列。与汉人形态不同，体型健壮，头包发巾，未穿铠甲，上衣为中开领，身着至膝右衽短襦，浓眉深目，颧骨略高，上身有明显刮削痕迹，通身施白衣，上身挺立，左臂贴身屈肘置腰际，右臂略曲下垂置身侧，双手握拳作持缰状，面部为少数民族勇士特征。

标本 YK：358，身材强壮，头包垂肩发巾，身穿宽袖袍，未穿铠甲，脸庞丰满，颧骨较高。上衣背部有明显的刮削痕迹，脸施白彩，通身只露原色，此俑形象有着少数民族彪悍的骑马勇

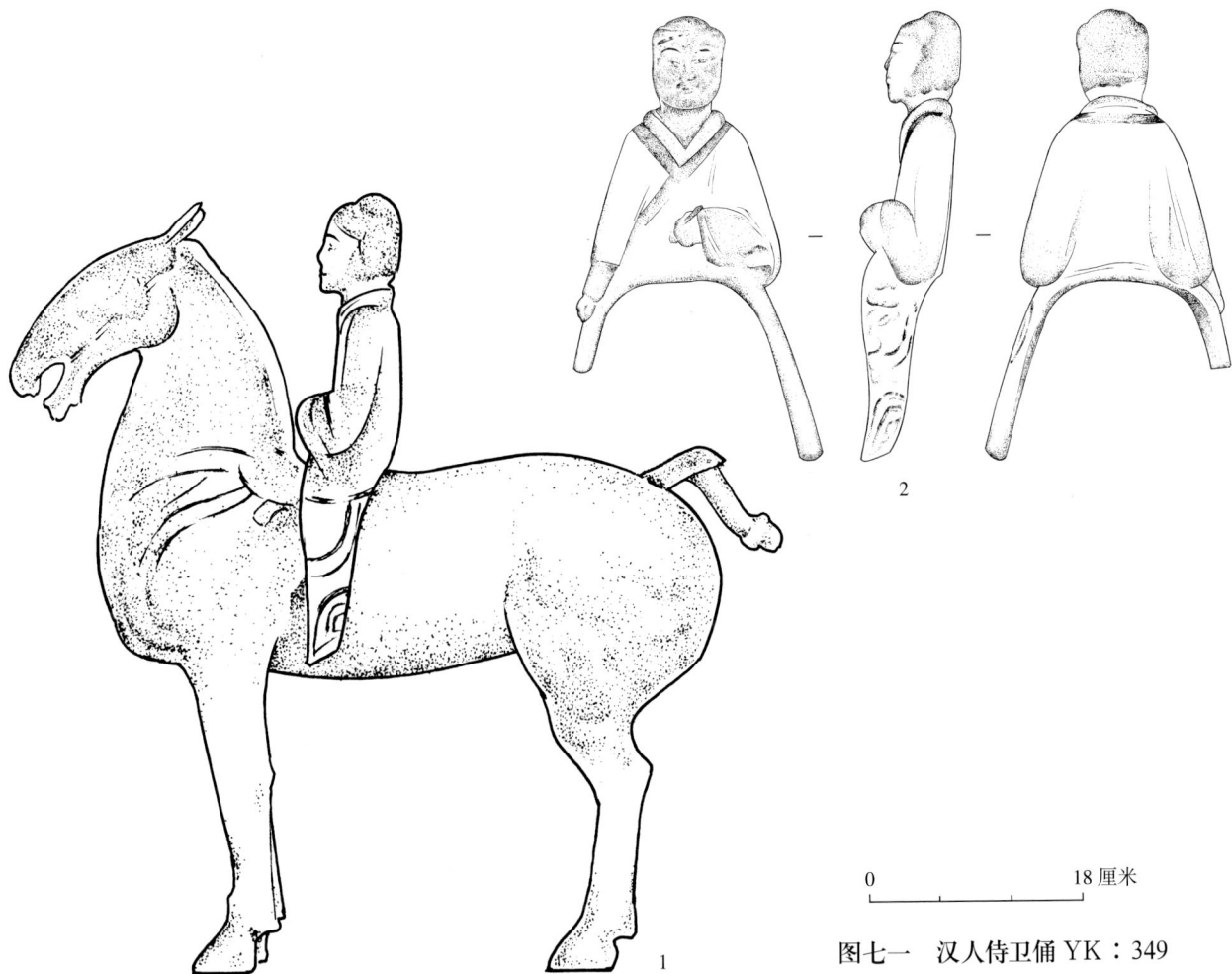

图七一　汉人侍卫俑 YK：349

0   18 厘米

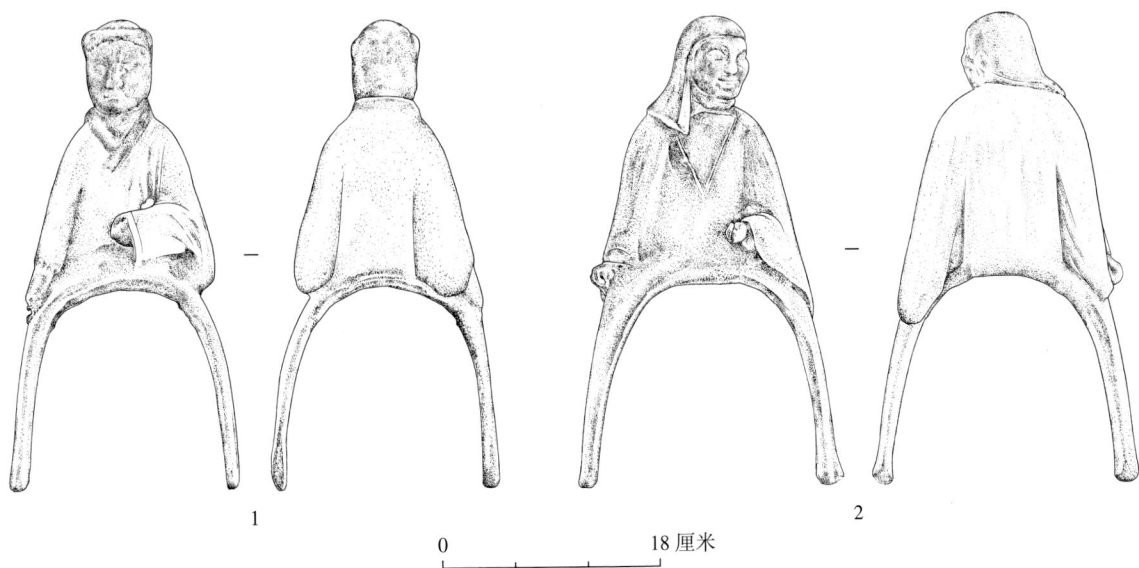

0   18 厘米

图七二　侍卫俑

1. 汉人侍卫俑 YK：364　2. 胡人侍卫俑 YK：359

士特征。高38.5、宽23.0厘米（彩版八〇）。

标本YK：359，骑马坐姿，侧脸向左，头戴披肩风帽，高鼻，宽面，阔嘴。身穿圆领内衣，外罩无领宽袖长袍，左手握拳贴身置于腰际，右手握拳垂于身侧，持缰驭马状，原彩绘脱落较重，只存斑斑白衣。高38.0、宽22.2厘米（图七二，2；彩版八一）。

四　歌舞俑

歌舞俑共9名。均在54号戏楼顶部，有歌舞俑、鼓乐俑、观赏俑以及餐饮具、鼓、琴等乐器类，内容为歌舞相伴的饮酒娱乐场景，其中YK：54-1、2、6、7、9为乐俑，YK：54-3、4、5为观赏俑，YK：54-8为舞俑（图七三；彩版八二）。

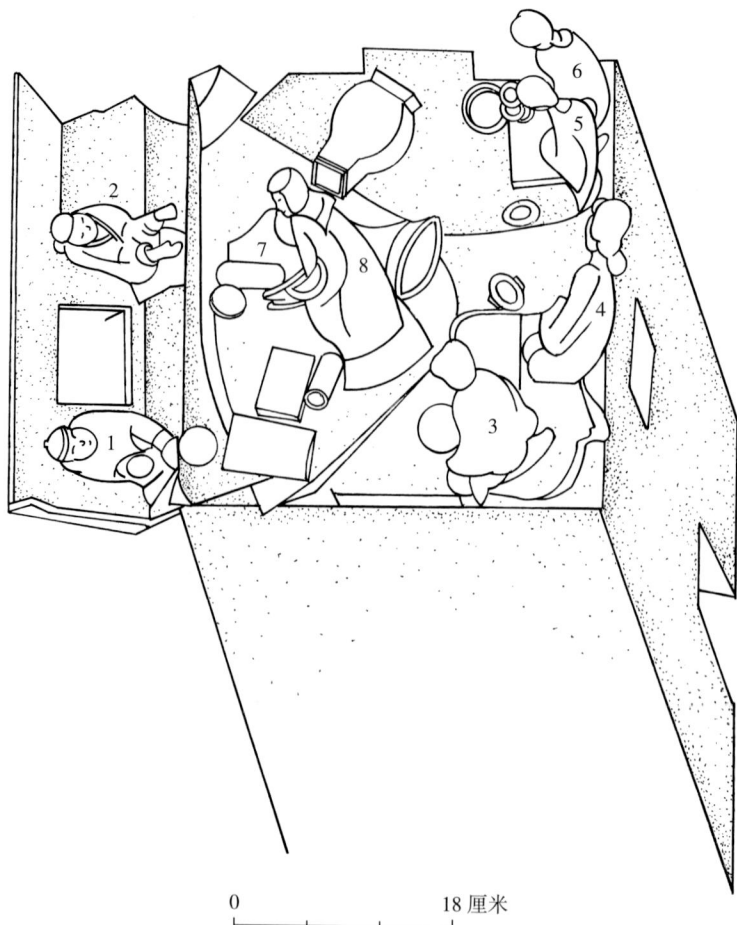

0 ———————— 18厘米

图七三　戏楼娱乐场景YK：54顶部

YK：54-1、2、6、7、9为乐俑，YK：54-3、4、5为观赏俑，YK：54-8为舞俑

1. 鼓乐俑

标本YK：54-1，男鼓乐俑。头戴小冠，身着两重衣，颈部隐见露出圆领内衣，外罩右衽窄袖无肩长袍。左手臂下垂置于腿部，右臂前伸，手已失，只在腕处留有可能用来插手的圆孔，下身双膝跪地踞坐，身前有圆形小鼓，呈击鼓状。面庞清瘦，翘眉挺鼻，抿嘴含笑。俑身应施彩绘脱落不清，仅残留面部及袍服施以白彩，朱砂点唇勾领。高15.6、宽7.6厘米（图七四，1）。

标本YK：54-2，女乐俑。踞坐姿，头发梳拢于脑后，至颈部挽结收束为垂髻。身着右衽窄领无肩朱色长袍，颈部隐露出红色圆领内衣。双臂曲置于胸前，臂前双腕处有两圆孔，手部已失，双膝跪地。身微前倾，额头饱满，庞俊体美，鼻挺朱唇，面部残留白衣。高14.2、宽6.7厘米（图七四，2）。

标本YK：54-3，男鼓乐俑。头戴小冠略前倾，冠顶部微残。身着右衽窄袖无肩长袍，内露圆领内衣。双臂下垂于腹部，手已失，只在腕处留有可能用来插手的两圆孔，双膝屈跪踞坐，柳眉弯目，挺鼻翘嘴。身前有圆形小鼓，似鼓手。原施彩绘多已脱落，仅余个别部位尚存朱、墨、白等色彩。高14.5、宽8.0厘米（图七四，3）。

标本YK：54-7，女抚琴俑。俑呈踞坐姿，乌发梳拢于脑后，挽结收束为垂髻。头微左斜，面施白彩，唇涂朱，身着窄袖右衽无肩白底长袍，双手平举于胸前，双膝跪地，容颜清纯，神

图七四　歌舞乐俑

1~5. YK：54-1~3、7、8

态悠闲，作弹奏乐器状，疑为抚琴。高14.0、宽6.4厘米（图七四，4）。

标本 YK：54-8，女舞俑。发收束为垂髻[1]，面庞丰腴，柳眉细眼，小嘴，收颔。身穿曳地长袍，从露出的衣领处看里面还穿左衽压襟内衣，腰围束细，下摆宽大形成喇叭裙遮盖双脚，右手上扬甩袖至身后，左手甩于身前，袖摆细长，双手隐袖内。扭腰跨足，挥动双臂作舞蹈状，生动优美。通身施以白彩，领、袖口勾朱彩。高20.7、宽9.2厘米（图七四，5）。

2. 观赏俑

标本 YK：54-4，女观赏俑。身微前倾呈踞坐姿，发梳拢于脑后挽结收束为垂髻。身着右衽窄领无肩长袍，袍袖宽肥。双手隐袖内，环拱于胸前，双膝屈而跪地，似作观赏状。柳眉杏眼，

---

[1] 其形先将头发缕在脑后，再在其末端绾成一把，结成一个小团（髻），称垂髻。在汉代妇女中很流行这种发式，也为历代沿用。髻式随社会风俗易化有所改变。如汉代妇女梳的垂髻发团是在背后，明代则已梳在颈后或脑后。梳这种发式的对象，由青年妇女逐渐转到老年妇女，清朝末年，俗称"疙瘩鬏"。现在农村的一些老年妇女，仍有梳这种垂髻的。

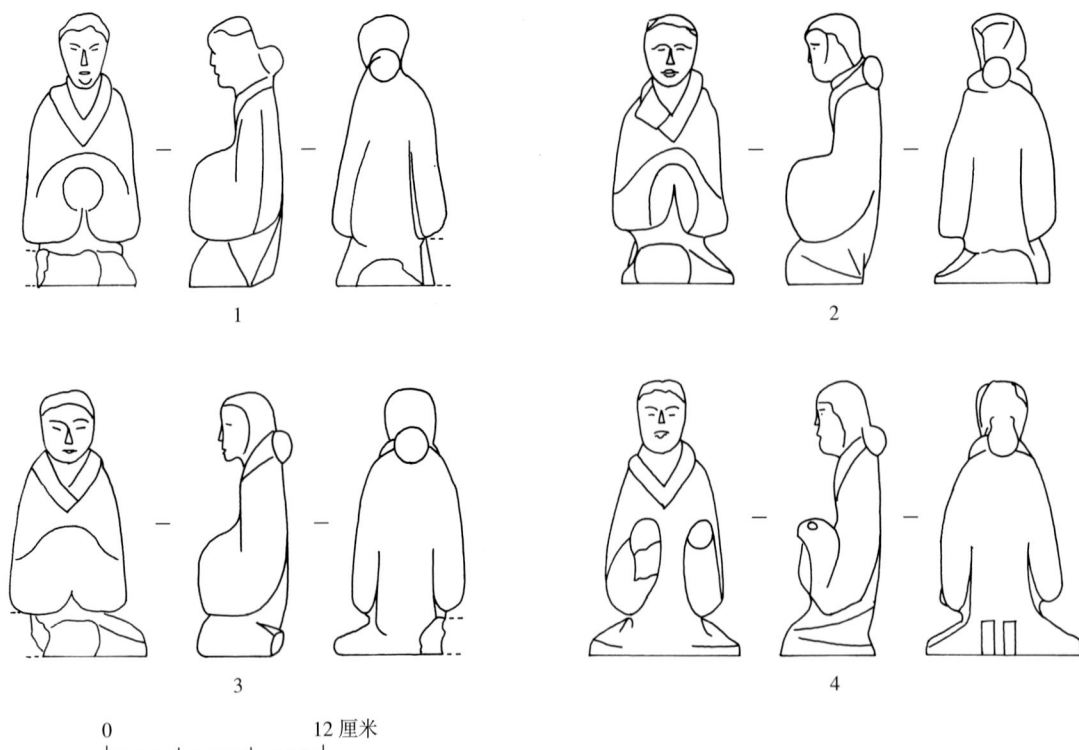

图七五　观赏俑

1~4. YK：54-4、5、6、9

鼻挺唇朱，表情恭顺。袍服施红彩，脸及手部施白彩。高 14.3、宽 6.2 厘米（图七五，1）。

标本 YK：54-5，女观赏俑。头微斜，发顶部中分，收束脑后为垂髻，身着右衽宽袖无肩白彩长袍，双手隐袖内曲肘环拱于胸前，下身为踞坐姿，是端正恭敬坐姿，领口、袖口残存朱彩。容貌妩媚，长眉凤眼，表情自然。高 14.0、宽 6.5 厘米（图七五，2）。

标本 YK：54-6，女观赏俑。踞坐姿，垂髻，身着右衽无肩长袍，袍袖宽大，双手隐袖内环拱于胸前，双膝跪地。坐姿端正，粉面、墨眉、朱唇，身材姣美。下身右侧残缺。身施彩绘，领、袖口勾勒朱彩，袍服仅残留部分白彩。高 14.0、宽 6.0 厘米（图七五，3）。

标本 YK：54-9，踞坐姿，颈后发挽结成垂髻。身着宽袖右衽无肩长袍，双臂分开屈置胸前，左手拳心有一孔，原应持有物，已失。作端物侍奉状。俑身微前倾，头微低，鼻圆挺，樱桃口，表情温和。身施白彩。高 14.6、宽 8.3 厘米（图七五，4）。

五　操作俑

操作俑共 23 名，可分为庖厨俑、驭车俑、牵马（牛）俑、击鼓俑等。

1. 庖厨俑

5 名。均见于 60 号庖厨房内，坐立不同器形的前后侧，根据其造型特征，应有着相对的身份和分工（图七六；彩版八三）。

标本YK：60-1，女俑呈立姿，垂髻。身穿两重衣，从露出衣领处看里面还穿圆领衣，外罩博袖曳地长袍，长袍腰部束细，下摆宽大，形成喇叭裙盖住双足。左手握拳置于胯前，右手握拳半举，手中应持器物，已失。容面瘦俊，柳眉杏眼，彩绘脱落只余白底色，从所处位置看，面对水井，或似与汲水有关。高19.5、宽10.0厘米（图七七，1；彩版八四）。

标本YK：60-2，低首、弓腰，双膝跪地，呈端正坐姿，发后梳于颈后。身着右衽无肩紧袖长袍，长袍遮盖下身，双手伸置腹前，手已失，只在双腕处留有圆孔，柳眉、朱唇，嘴角微上挑，袍服白彩保存较好，脸部仅有墨勾眉目之线。高13.5、宽7.9厘米（图七七，2）。

标本YK：60-3，男厨俑，身着右衽无肩长袍，袖口紧收，长袍遮盖下身形成梯形，一侧残缺。双手分开前伸于腹前，手已失，只在双腕处残有两圆孔，应为安插手的位置，俑头微低，双膝跪地，为坐姿。面容丰满，眉目下垂，脸部白彩清晰，眉目墨线，袍施以朱彩。高14.0、宽7.0厘米（图七七，3）。

标本YK：60-4，俑呈踞坐姿，面庞圆满，五官端正，头发向后脑梳拢挽结成垂髻。身着右衽无肩宽袖长袍，双膝着地，左手下垂置于左腿上，手掌伸展，右手握拳上举置于胸前，拳心有孔，脸部及袍服残留斑斑白彩，其出土于庖厨里灶台的前方，似是杂厨人员，作添火状。高13.6、宽7.8厘米（图七七，4）。

标本YK：60-5，女俑，垂髻。身着两重衣，从露出的衣领处可看出还穿圆领内衣，外罩博袖曳地长袍。袍服施白彩，左手下曲伸于腹前，拳心向上，右手握拳屈举胸前，手中有竖向插孔，原当持物。粉面唇朱，细目杏眼，神情含蓄。低头，欠身站立，微带羞涩，有着恭顺的汉代侍女之形象。高20.0、宽10.0厘米（图七七，5）。

2. 驭车俑

4名。除去1~5号战车的驭车卒外，在8~10号安车和11号双辕车均有1名驭车俑。其中3名为坐姿，另有一名为站姿。

标本YK：车8-5，容庞圆俊，眼平视而有神，翘嘴含笑，头戴皮弁，身着交领双重衣，袖口宽大，袍下摆遮盖下身，双手分开平举于胸前，两手握拳，抬头挺胸，似驾车执缰状。俑身应施彩绘，已脱落不清。高27.7、宽12.9厘米（图七八，1；彩版八五）。

标本YK：车9-5，立姿，面部残存白彩，头戴皮弁，身着交领阔袖双重衣，腰部宽松而腰部粗壮，袍服彩绘已脱落不清。庞圆体健，短眉小眼，翘嘴含笑，双手分开平举于胸前，左手

北 ←——

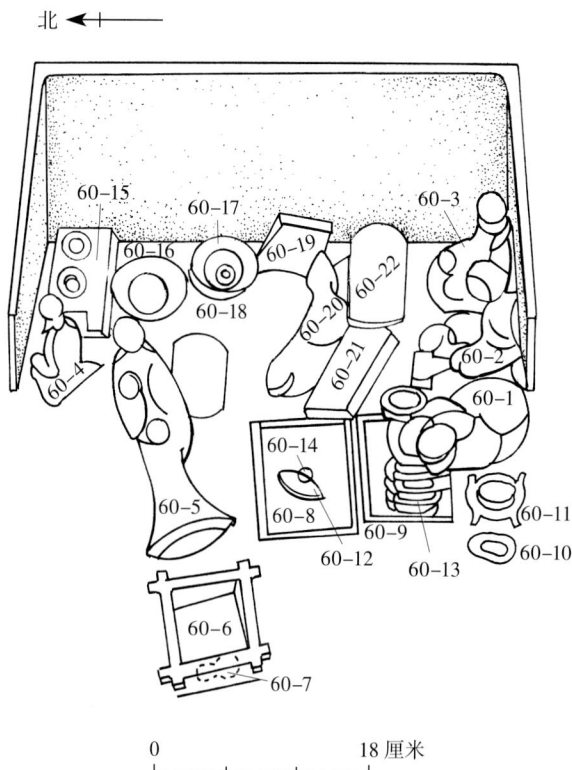

图七六　庖厨全景YK：60内部

0　　　　　　　　18厘米

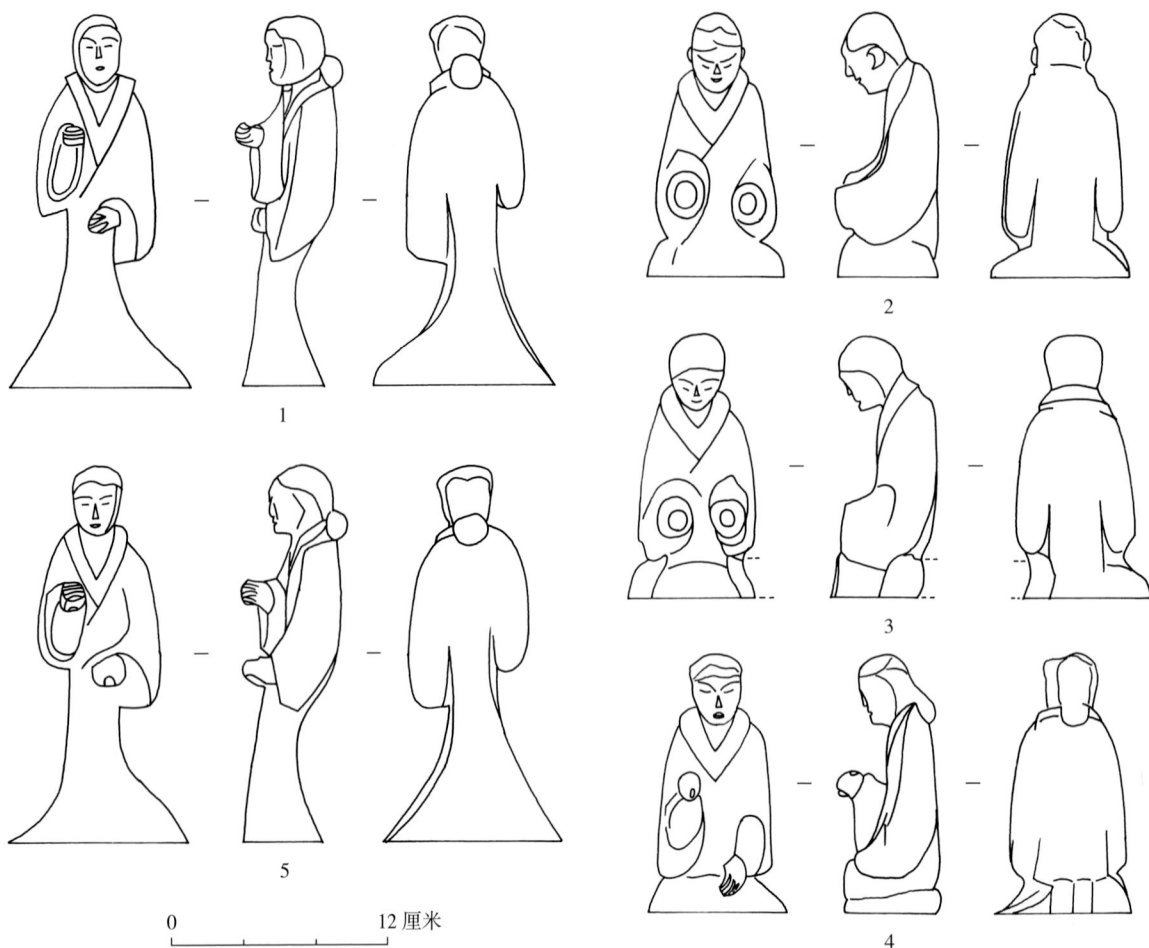

图七七　庖厨俑

1~5. YK：60-1~5

半握拳，掌心向上，右手握拳中空，似驾车执缰状。高 26.0、宽 14.4 厘米（图七八，2）。

标本 YK：车 10-5，正首仰身立姿，头戴皮弁，宽脸、凸眉、深目、高鼻、身材修长，身着交领右衽宽袖长袍，下穿肥绔，双手各异握拳平举于胸前，呈持缰绳似驾车状。身原有色彩脱落较重，仅存部分底色。高 42.2、宽 11.6 厘米（图七八，3；彩版八六）。

标本 YK：车 11-2，头戴皮弁，身着交领双重衣，袖口肥大，圆脸宽额，眯眼平视，抿嘴含笑。袖口宽大，袍下摆呈喇叭状，遮盖下肢，双手分开屈肘平举于胸前，两手握拳中空，似执缰状。彩绘脱落仅存白衣。高 27.7、宽 12.5 厘米（图七八，4；彩版八七）。

3. 牵马俑

共发现 6 名。除 4 号车前和 45 号骑兵俑前有 1 名牵马俑外，其余 4 名分别在 8~11 号车前。

标本车 YK：5-8，正立姿，头戴尖帽，凸眉、高鼻，身着右衽交领长袍，右手上屈置于腹部，左手前伸于腹部，手残缺，作持物状，双腿微屈。身材瘦小，头微低，一幅恭顺侍者形象。原色彩仅袍服残留斑斑白彩底色。高 33.9、宽 8.8 厘米（图七九，1；彩版八八）。

标本车 YK：8-6，曲腿立姿，头戴尖顶圆帽，面部特征不同明显，模糊不清，身着右衽交

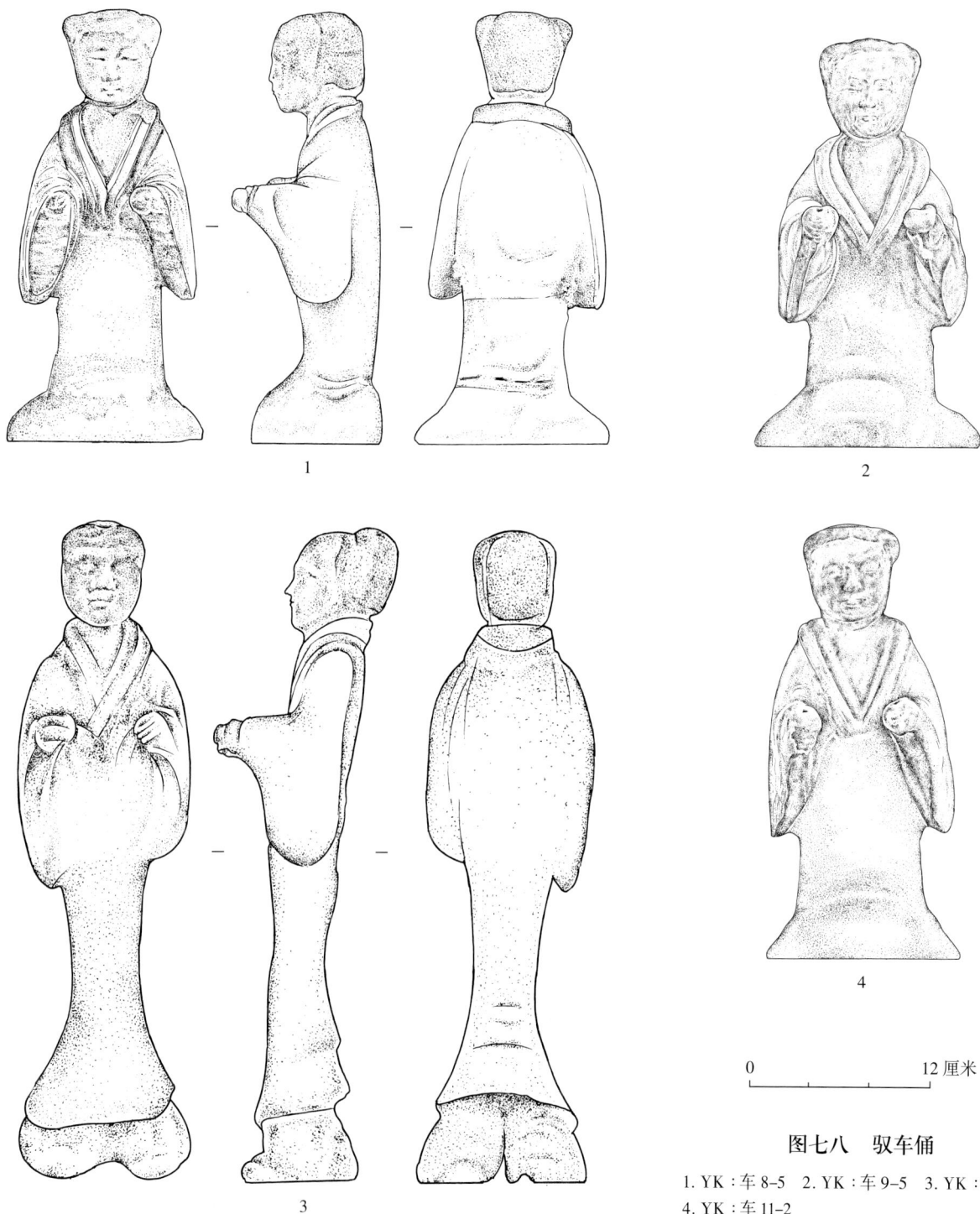

0   12 厘米

图七八　驭车俑

1. YK：车 8-5　2. YK：车 9-5　3. YK：车 10-5
4. YK：车 11-2

领窄袖长袍，右手伸掌举于胸前，左手握拳置于腹部，身材瘦小，头微前倾，一副小心谨慎驾车之姿。身施彩绘，色彩脱落严重。高 34.5、宽 11.1 厘米（图七九，2；彩版八九）。

　　标本 YK：45-1，头戴尖帽，身着右衽交领长袍，柳眉细目，宽鼻薄唇，双手握拳置于腹前，左手低于右手，似持物状，双腿微屈站立，身材瘦小，似以驷马之态。施彩绘现多已脱落，仅存墨眉和袍身部分白彩。高 33.4 厘米（图七九，3）。

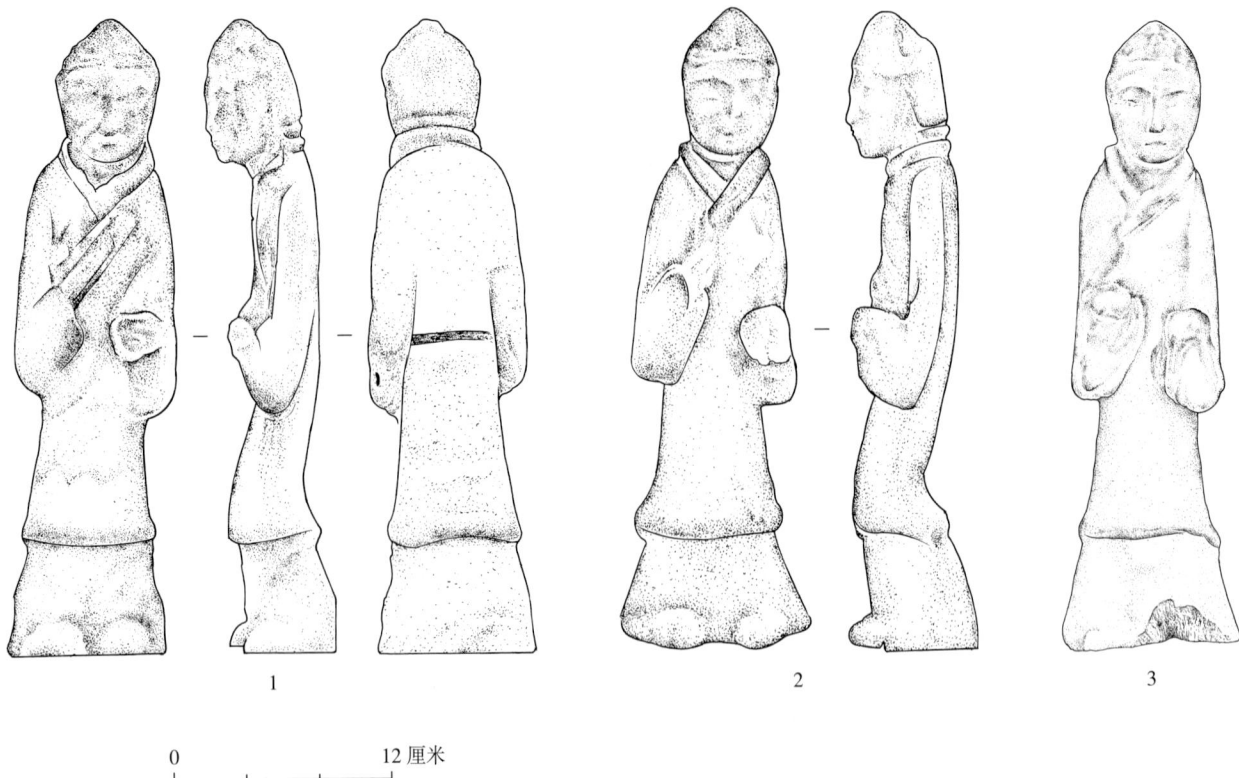

图七九　牵马俑

1. YK：5-8　2. YK：8-6　3. YK：45-1

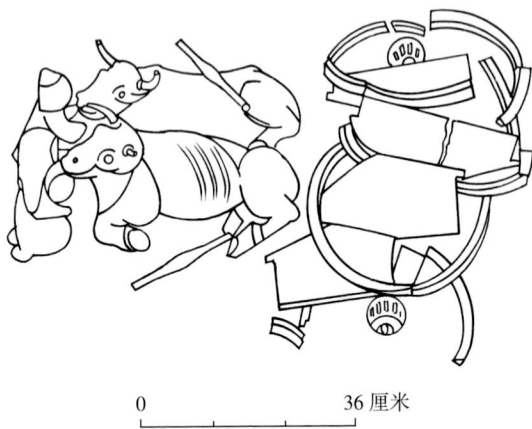

图八○　牛车

图八一　牵牛俑 YK：车 6-1

4. 牵牛俑

2件。位于两辆牛车前（图八○）。

标本 YK：车 6-1，俑头戴尖帽略上仰，面部轮廓不同，身材粗矮，着交领窄袖右衽长袍，白色袍服脱落仅存部分白衣。此俑面庞模糊不清。双臂于胸前曲肘前伸，左手虚握抬举，右手握拳向前平伸，袍掩下身，置立于车的前部，动作看似为牵牛驾车者。高 21.7、宽 13.0 厘米（图八一；彩版九○）。

5. 饲养俑

3件。2件为猪倌，出土于俑坑的后部猪圈旁侧，两件形态基本相同。1件为饲养家禽类俑，位于54号殿堂前，面对殿堂，身前有狗、鸡、鸭等动物散立。

标本YK：378，站立姿，头顶陶罐，罐为实心，直颈，鼓腹，罐顶口部有一勺。面庞瘦削，五官紧凑，身材瘦矮，身着右衽紧袖长袍，左手叉腰，右臂前伸，负重感强。脸部、手部白彩清晰，眉勾墨线，造型特别，动态逼真。高24.5、宽10.0厘米（彩版九一）。

标本YK：379，身着紧袖右衽长袍，袍下摆盖住双足。左手叉腰，手隐置腰间，右臂前伸。腰似沉扭，颧骨突出，鼻踏嘴厥。头顶实心陶罐，口部有一勺，从形态看似是喂猪的下人，通身施白彩。高26.0、宽10.6厘米（图八二，1；彩版九二）。

标本YK：55-2，俑头戴小冠，身着交领窄袖右衽长袍，腰束革带。双手分开，左手屈置于胸部，右手平举前伸于胸前。双腿屈跪着地，瞥部压于脚跟处。面庞清瘦，眉目不清，隆鼻宽嘴。通身施白彩。从其动作看，似是面对鸡、鸭等家禽，作持物分撒喂之状，应为饲养家禽的勤杂人员。高15.0、宽8.0厘米（图八二，2）。

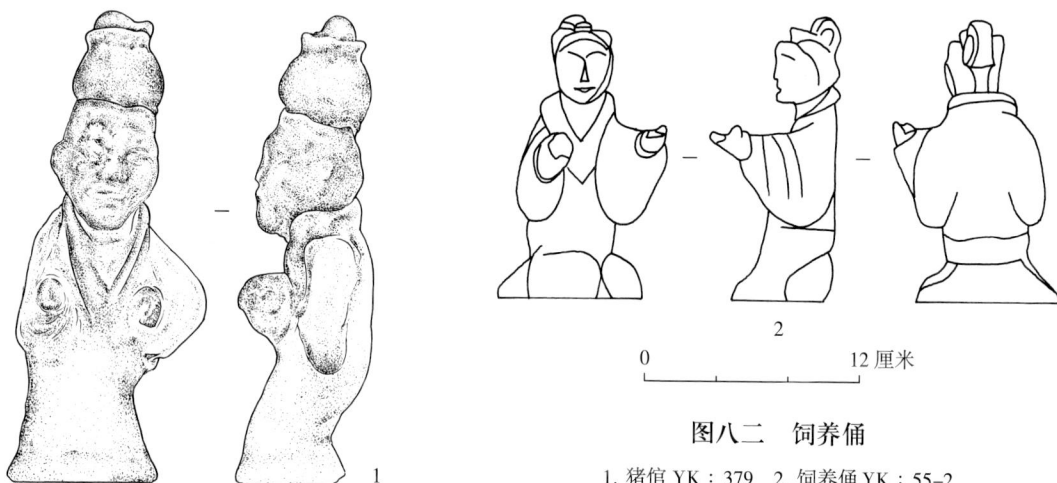

图八二　饲养俑
1. 猪倌 YK：379　2. 饲养俑 YK：55-2

6. 击鼓俑

2件。形态相近，位于俑坑东部踞坐卒俑中间大型建鼓附近。

标本YK：159，俑呈半跪状，头戴小冠，内为圆领衣，中为右衽曳地袍服，外罩高领、边缘短衣（边缘称"衣"或"纯"），袖口收紧，下穿肥绔，仅露履尖，头抬起后仰，目视手势，双臂左高右低，双手握拳一字型展开，左臂平直上举，右臂平直下拉，右腿立地，左腿半跪，双臂挥动有力，作击鼓状。俊鼻美嘴，春风满面。此俑与其他俑较不同，神态刻划细致，生动流畅，表情传神。俑身长袍尚存白、黑、朱等色彩绘。高27.5、宽21.5厘米（图八三，1；彩版九三）。

7. 行刑俑

2件。出土于坑东部踞坐俑方阵内。

标本YK：152，俑呈半跪状，挺胸昂首，目视左上方，面颊英俊，柳眉圆眼，表情严肃。

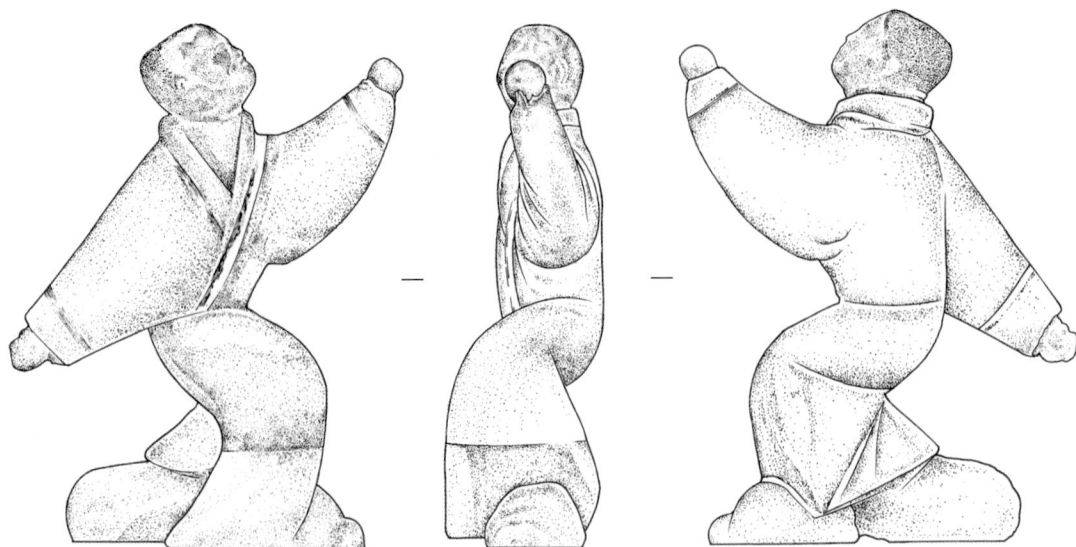

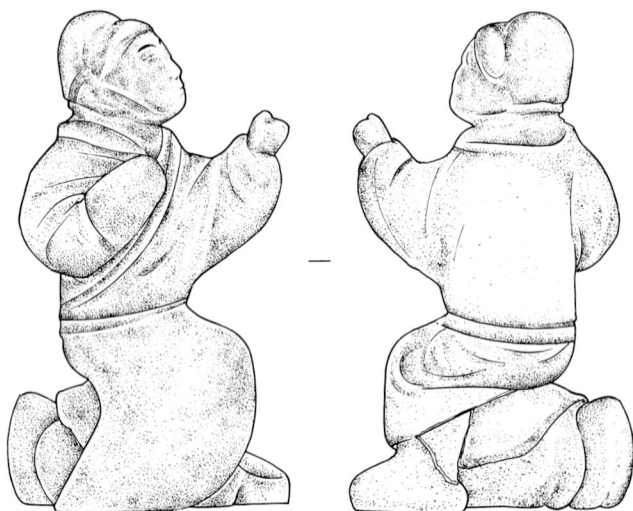

临淄山王村汉代兵马俑

1

0   12 厘米

图八三 击鼓俑与行刑俑

1. 击鼓俑 YK：159   2. 行刑俑 YK：152

2

头戴武冠，内束帻，两侧有丝带系于颏下，身穿右衽长袍，外罩边缘短衣，腰束带，脚穿圆头平底履，左臂屈举手中空半握，右臂屈于胸前，手部残缺，左高右低，上身稳挺，下身左腿屈立，右腿屈跪于地。原色已脱落，仅有脸、手部，袍服残存少许白彩。从其所处位置和动作看，或与旁侧带柄长斧刑具有关，在其附近还有上下分为两截的陶俑。高 26.5、宽 16.0 厘米（图八三，2）。

第二节 动物俑

俑坑内出土大量马俑、牛俑、羊俑、猪俑、狗俑、鸡俑、鸭俑等，这些动物俑栩栩如生，种类齐全，制作工艺比较精致，即富有生活情趣，又映射了汉朝时期饲养业的发达。可分为家畜俑、家禽俑两类。

一 家畜俑

共 157 件。主要有马俑、牛俑、羊俑、猪俑、狗俑等。

1. 马俑

90 件。分别为骑兵、驾车和侍卫所用。其中骑兵坐骑 49 匹，驾车 33 匹，侍卫坐骑 8 匹。

均为竖耳凸眼，高大雄健，鬃毛短而平整，尾束小结高扬，应都表示训练有素的战马。陶马均为泥质，胎厚约 2 厘米左右，内壁加工痕迹明显，制作方法采用分段制作，头颈、躯体、四肢、马耳、尾等分别制作，大部再粘接成形，烧制后，施以彩绘，而马耳及尾皆为单独烧制，然后分插。马身施白彩，其身上有白、朱、墨等色勾出笼头、缰绳、攀胸、坐垫、腹带等鞍具。马的姿态、形制基本相同，整体造型准确，姿态优美有力，通高 60 厘米左右。

标本 YK∶12，头颈高昂，张口龇牙，额头宽俊，颈上鬃毛短而齐。背光臀隆，四肢细健，尾梢束一结高翘，身有墨勾鞍具，头有勾勒的笼头痕迹。表现的应是一匹战马形象。高 60.2、宽 61.6 厘米（图八四，1）。

标本 YK∶22，此马高大昂头，颈部鬃毛短而齐，躯体健猛，尾挽一结高高翘起。身上彩绘清晰美观，用白、朱多彩绘有笼头、缰绳、鞍具等图案。高 63.0、宽 61.0 厘米（彩版九四）。

标本 YK∶34，昂首挺胸，尖耳如削，短鬃平而齐整，胸肌强健，宽臀臕腿，张嘴露齿，尾束

图八四 战马

1. 战马 YK∶12（骑兵马）　2. 战马 YK∶车 10-4

055

参 陶俑

一结高翘。原有彩绘已模糊不清，隐隐可见朱、白等色绘有图案。高52.0、宽66.0厘米（彩版九五）。

标本YK：29，双耳俊挺，似如竹削，体魄雄健，昂头咧嘴，龇牙鼓眼，颈直胸阔，插尾精塑，流畅美观，原有彩绘现已脱落不清。高58.0、宽68.0厘米（彩版九六）。

标本YK：35，马为站立姿，昂头张嘴，双耳尖竖，额头棱角分明，鬃毛塑似平剪短而整齐，长身健腿，胸挺臀隆，尾部雕塑的美观而又高扬，通身彩绘有不同纹饰。高58.0、宽66.0厘米（彩版九七）。

标本MB388，马长躯高腿，宽颈阔额，头部及尾部精塑细刻，短鬃尖耳，雄姿有力，如似一匹战马在静静的等待出征，通身彩绘清晰美观，绘有圆形线条纹饰，朱、白两彩勾勒笼头、坐垫、腹带、鞍具等形象逼真。高62.7、宽62.2厘米。

1

2

3

0   24厘米

图八五　马俑

1~3. YK：车10-1~3

标本 YK：车 1-4，马呈站立姿，弯额尖耳，隆眼呲嘴，鬃短密平，瘦身短腿，全身棱角准确优美而强健，头部朱线勾勒缰绳，通身涂朱彩。高 57.0、宽 68.0 厘米（彩版九八）。

标本 YK：24，马昂首直立，体魄雄健，颈部鬃毛短而齐。通身绘有不同纹饰，原有彩绘已模糊不清，头部白、朱彩绘有笼头、缰绳、鞍具等图案。高 62.2、宽 60.7 厘米（彩版九九）。

标本 YK：车 10-1，昂首，颈挺伸，尖耳，剪鬃，尾高扬，尾梢端挽一结，四肢直立于地，颈部鬃毛短而平，筋骨强健，胸肌突出，马身有墨线勾勒坐垫、腹带等鞍具图案，身上仅余白衣。高 63.7、宽 56.2 厘米（图八五，1）。

标本 YK：车 10-2，马呈站立式，仰头张嘴，双耳竖起，俊如竹削，高大体健，颈部塑出一道密而短平的鬃毛。尾巴高翘，尾末端束小结，身无鞍具，通身白彩底色，用朱、墨等色绘有图案。为一匹彪悍雄健的马。高 58.2、宽 56.0 厘米（图八五，2）。

标本 YK：车 10-3，全身施彩，大部分已脱落，仅余白衣，仰首挺胸，眉凸目炯，尖耳，额宽骨明，鬃毛修剪的短而整。马体膘健，尾高翘束一结。背有彩绘鞍具。神态警觉，目视前方。高 58.2、宽 54.4 厘米（图八五，3）。

标本 YK：车 10-4，直立，挺颈，昂首，尖耳略向两侧张开，神态温顺，四肢粗壮，颈部为剪鬃，前额及两侧施彩绘勾勒，周身涂白彩。高 59.2、宽 50.4 厘米（图八四，2）。

标本 YK：车 1-1，马首高昂，双耳似削竹，凸眉圆目，鼻开嘴张，颈部鬃毛短而平，尾曲高扬末端束小结。身无鞍具，十分机警的注视前方。身原施彩绘已脱落，现只存笼冠为白色彩绘勾勒。高 62.7、宽 59.2 厘米（彩版一〇〇）。

标本 YK：车 1-2，领首站立，目视前方，颈部鬃，背滑而臀隆起，四肢细长，尾美且翘立。马施白彩，背用墨色双勾方形坐垫，笼头、障泥、攀胸等以白彩描画。高 57.0、宽 68.0 厘米（彩版一〇一）。

2. 牛俑

2 件。在俑坑中间 52 大门牛车前。泥质实心，用简练手法雕塑，并抓住犄角、嘴和健壮有力的身躯加以刻画，突出了牛的力量感，冲击力强。

标本 YK：车 6-2，侧卧，犄角歪竖，曲而尖，面阔嘴厚，双目平视，身躯雄健，四腿盘曲伏卧于地，通身施白彩。高 25.6、长 49.5 厘米（图八六；彩版一〇二）。

0 ————————— 18 厘米

图八六　牛俑 YK：车 6-2

3. 羊俑

共 59 件。羊俑在动物俑中数量最多，排列整齐。均出土于俑坑的东北角生活区域庖厨的东侧（彩版一〇三），南北向排列 11 排。59 只陶羊形制基本相同，大小相近，形态各异，为泥质实心，根据体型可分为大小两种：大羊俑均身躯健壮，阔嘴高鼻，棱角分明，头部倾心塑造羊的犄角造型和气势。小羊俑小巧可爱，凸眉圆眼，造型生动，奋耳无角。羊身色彩可辨有朱、黑、白、褐等四种色彩，身上彩绘保存尚好，有的绘有波浪图案及图形纹饰，眼、嘴、耳处勾涂朱彩，均为四腿曲于体下卧伏状。

其中标本YK：403、422、432、433、428共5件很特别，除五官勾勒朱彩外，身躯施白彩后涂绘褐色波浪图案，其中标本YK：428与其4件不同，身用墨绘长条及半圆图形纹饰。

标本YK：395，挺颈仰头，凸眉瞪眼，高宽鼻，闭嘴，卷耳，无角，体型较小，四肢蜷压于躯下，短尾内藏，造型清晰逼真。身有斑斑白彩，眼、嘴、耳等处勾朱彩。高13.3、长17.1厘米（图八七，1；彩版一○四）。

标本YK：396，脖扭头歪，似侧耳静听状，犄角下耷曲内藏小耳，手捏痕迹明显，头部、四肢制作粗糙概括，身躯清瘦小巧，耳、嘴朱彩勾点，身上彩绘全部脱落只余泥的原色。高7.1、长12.2厘米（图八七，2；彩版一○五）。

标本YK：399，目光平视，头大，颈短，两只大角向下歪曲，内压小耳，凸眉瞪眼，挺鼻张嘴，身躯健壮，四腿弯曲，躯施白彩，眼圈、嘴边、蹄等处勾朱线。此俑在犄角上着力刻画，突出了羊的特点。高10.0、长15.8厘米（图八七，3；彩版一○六）。

标本YK：403，仰头缩颈，闭嘴瞪眼，耷耳，无角，鼻骨高挺，四腿蜷曲于躯下，短尾，扭颈仰头似在等喂食的动态。躯施白、朱、褐等色，白为底色，褐色勾绘波浪式图案，眼、嘴勾朱线，耳涂朱色，塑造形象逼真，身躯精巧。高10.8、长14.7厘米（图八七，4）。

标本YK：405，宽头，短颈，大嘴，耷耳无角，作回首挠痒卧伏状，手捏制作明显，造型粗糙模糊，但羊的动态表现的生动传神，躯体施白彩已脱落殆尽，眼圈、嘴边、耳等处存朱彩勾描。

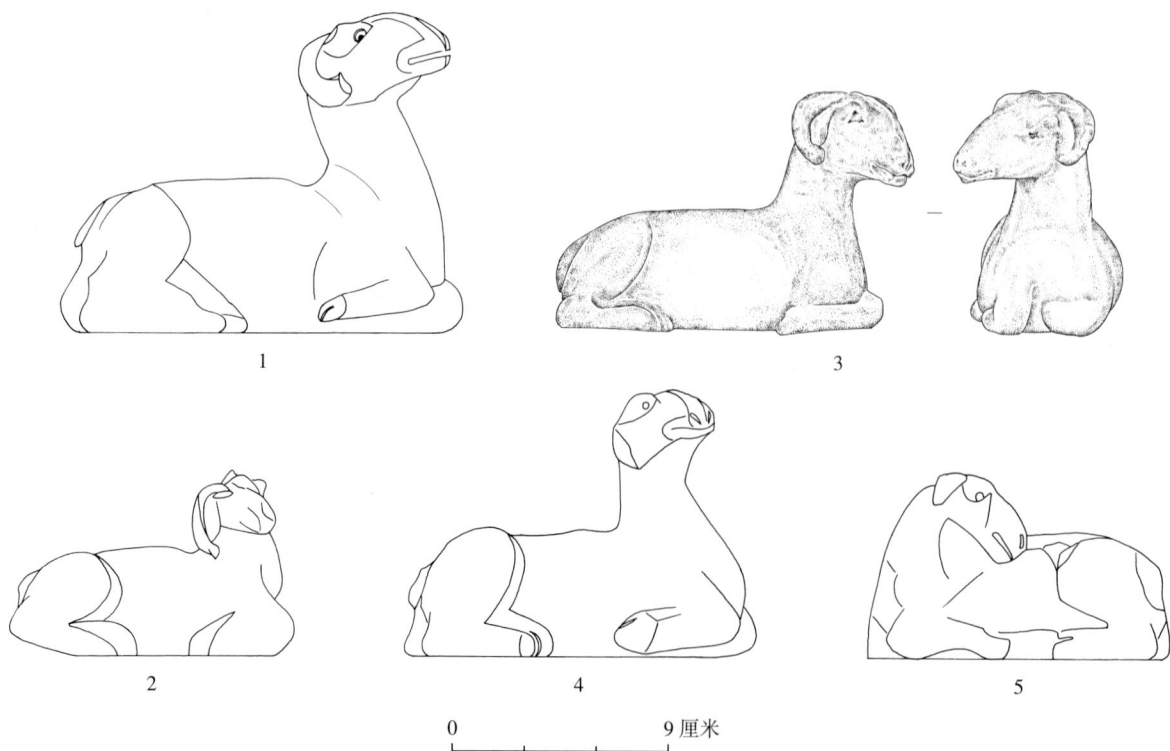

0   9厘米

图八七　羊俑

1. YK：395　2. YK：396　3. YK：399　4. YK：403　5. YK：405

高 7.8、长 12.5 厘米（图八七，5；彩版一〇七）。

标本 YK：407，头部微小，仰头伸颈，似乎在机警注视着周围的动静，高鼻宽嘴，耷耳无角，短尾，四蹄弯曲，卧伏于地，整身施褐彩，耳内涂朱彩。高 10.0、长 13.0 厘米（图八八，1）。

标本 YK：410，颈长而极力上扭，头侧仰，圆眼，耳耷，无角，嘴巴上翘，身躯肥健，全身施白，眼眶、嘴以朱彩勾勒，耳涂朱色，侧卧于地，十分机警，造型动感强烈。高 7.5、长 13.8 厘米（图八八，2；彩版一〇八）。

标本 YK：411，此羊头侧仰，闭嘴立胸，垂耳，头部棱角分明，肥躯短颈，前蹄跪屈向后，后蹄屈直前伸，均压于躯下。眼、嘴、耳等处勾朱彩，原色彩已脱落。高 9.8、长 13.0 厘米（图八八，3；彩版一〇九）。

标本 YK：413，脖颈后扭极强，附身回首，作咬毛挠痒状，闭眼裂嘴，耳涂朱色紧贴脸侧，神态表现的淋漓尽致。身涂白彩，褐色绘波浪纹饰，四腿曲卧于地。高 7.7、长 13.0 厘米（图八八，4）。

标本 YK：419，挺胸仰头，张嘴，卷耳，凸眉圆目，躯体清瘦，腿曲伏卧于地，身施白彩，五官朱色勾描，虽静卧，但塑出了羊的急盼动态心理。高 6.9、长 10.2 厘米（图八八，5；彩版一一〇）。

标本 YK：428，身躯玲珑瘦秀，垂耳，凸眉，抬头，作张望状。直颈藏尾，四腿静卧，原色彩脱落仅余白底色，身有墨绘长条、半圆纹饰，朱彩勾勒嘴、鼻、耳后阴影等处，此羊是唯一一只用有墨色图形纹饰。高 11.8、长 14.2 厘米（图八八，6）。

标本 YK：416，抬头缩脖，两角呈半圆形盘曲向前，棱骨凸显，遮掩双耳，嘴闭鼻圆，躯体圆健，四腿曲体而卧，身之彩绘仅余白色底色，一幅温顺祥和之态。高 12.3、长 17.5 厘米（彩版一一一）。

叁 陶俑

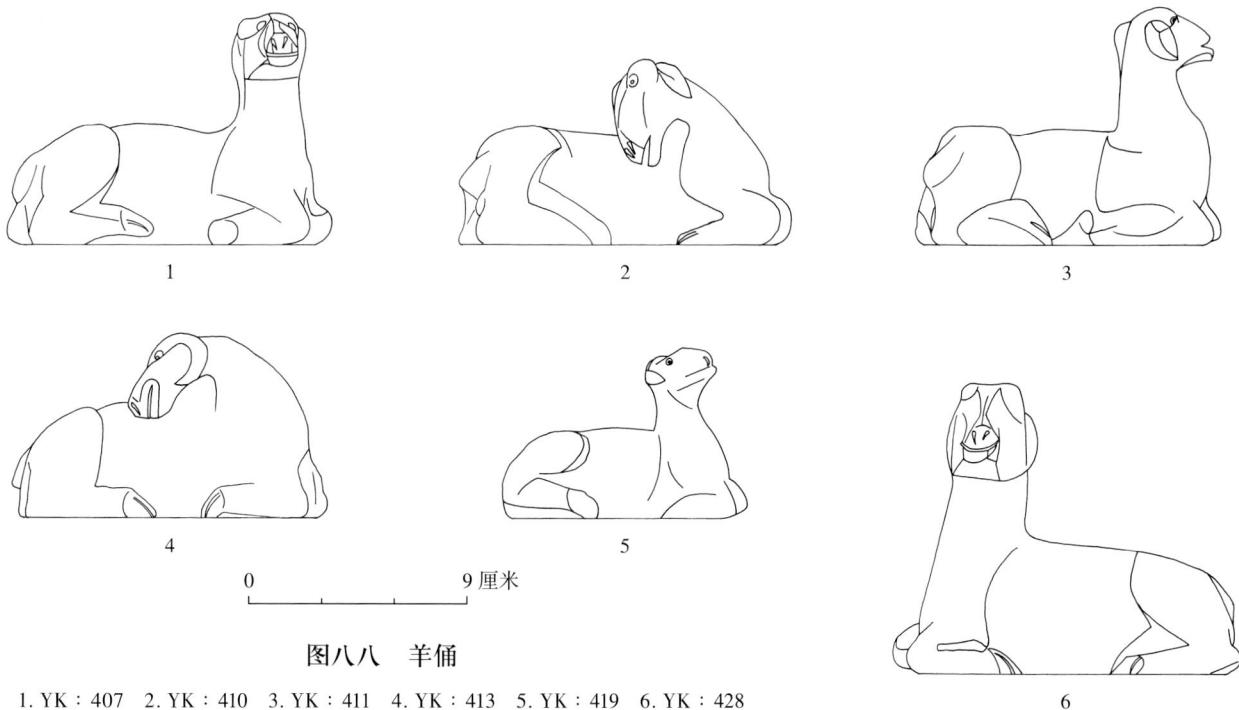

0   9 厘米

图八八 羊俑

1. YK：407   2. YK：410   3. YK：411   4. YK：413   5. YK：419   6. YK：428

临淄山王村汉代兵马俑

标本 YK：392，头部微仰，目光平视，体肥躯健，羊角向前凸盘呈半圆形，面目和善，腿藏体下呈卧伏之姿，五官有朱色痕迹，身仅余点点白底色，羊在角上着力刻画突出了其的特点。高 11.0、长 15.0 厘米（彩版一一二）。

标本 YK：433，体小而健，光臀长颈，头部侧拧附于体上，动作强烈，无角、短耳、嘴巴线条圆润，体施白彩，褐色在上描画纹饰，眼眶、鼻、嘴勾朱色，手法简练，力感突出明显。高 7.2、长 11.3 厘米（彩版一一三）。

标本 YK：417，羊头微侧平视，扭颈弯身，奔耳，头部凹凸分明，前蹄跪屈后卷，后蹄直身向前，均压于躯下，通身色彩脱落，模糊可见少许朱彩。高 10.9、长 15.3 厘米（彩版一一四）。

标本 YK：426，羊躯短小精悍，透有灵气，蜷身低头，垂耳无角，似在闭目养神，四肢概括压于体下，尾藏肚鼓，原色彩尚存白彩及头部、四肢有少许朱彩。高 8.8、长 11.2 厘米（彩版一一五）。

标本 YK：418，头高昂前探，全身棱角清晰，起伏错落，形象逼真，阔鼻闭嘴，垂耳无角，卷尾，四肢曲直全压于躯体下，身上原色彩仅有少许朱彩和白衣。高 9.0、长 13.5 厘米（彩版一一六）。

标本 YK：393，昂头挺胸，五官清晰，尖嘴，垂耳，无角，凸眉阔鼻，瘦身藏尾，前蹄后曲，后蹄平伸藏于体下，通身彩绘已失，仅存白彩，五官有少许朱彩。高 11.7、长 15.0 厘米（彩版一一七）。

标本 YK：430，此羊捏制粗糙但神态精准，颈向后扭，力度强烈，似做挠痒之态，腿屈身缩，动感、神态表现的活灵活现，通身应有彩绘已脱落。高 6.0、长 12.0 厘米（彩版一一八）。

标本 YK：402，羊伸颈探头，作张望状，凸眉闭嘴，垂耳，无角，藏尾，小巧玲珑，四蹄曲压于躯体下，彩绘脱落殆尽，仅耳、眼、嘴等部位有朱彩勾勒痕迹。高 12.3、长 16.6 厘米（彩版一一九）。

标本 YK：409，羊的躯体清瘦，弯颈仰头，闭嘴垂耳，无角，藏尾，眉目不清，前腿偏大，后腿略小，曲压于躯体下，通身施白彩，五官尚存朱彩勾描。高 11.0、长 16.0 厘米（彩版一二〇）。

标本 YK：434，此羊小巧身瘦，扭颈探头，似在寻找食物之姿，动感极强，头大身小，凸眉张口，垂耳、藏尾，前腿后曲，后腿前曲伸藏于体下，原有彩绘已殆尽露出原色，五官尚有零星朱彩勾勒痕迹。高 9.0、长 15.0 厘米（彩版一二一）。

标本 YK：401，羊瘦小圆蜷，脖颈后扭，动作强烈，好似痒的忍耐不住，马上咬毛啃痒之态，大头紧贴身躯，垂耳、无角、卷尾，四腿蜷压于躯下，蹄趾表现清晰，通身有斑斑白彩。高 6.5、长 11.6 厘米（彩版一二二）。

标本 YK：425，直颈仰头，闭嘴垂耳，高鼻瞪眼，形神兼备，似盼主人来饲喂之状，体肥肢曲，垂耳、无角，前腿向后歪曲，后腿屈向前伸自然压于体下，头部个别部位有少许朱彩，通身施白衣。高 6.9、长 9.0 厘米（彩版一二三）。

标本 YK：422，此羊瘦小，扭脖弯头，紧贴身躯，垂耳闭目，似是熟睡之态，头大身小，肢体紧凑，四肢静卧，此羊于其他羊有所不同，通身施白彩，朱彩勾勒五官外还有褐色涂勾波浪图案。高 6.7、长 11.3 厘米（彩版一二四）。

标本 YK：429，静卧之态，大头、长脖、瘦身，抬头挺颈，垂耳阔嘴，此羊与其他羊有所区别，头顶部有一圆孔，推测应是单独插角之处，四蹄压于体下，耳、眼、嘴部残留朱彩勾勒痕迹。高 11.6、长 17.2 厘米（彩版一二五）。

标本 YK：423，头大体肥，五官形象生动，抬头伸颈，垂耳凸眉，四肢屈卧，塑捏概括，造型流畅，通身斑斑白衣露有原色，五官朱彩勾描痕迹明显。高 11.5、长 13.7 厘米（彩版一二六）。

4. 猪俑

3 件。均出于俑坑最后端东北角寝房后猪圈内，泥质实心，形制基本相同，手捏制作，手法简朴概括，生动逼真，身有残留彩绘痕迹。

标本 YK：377-1，卧姿，捏制而成，抬头张望，嘴巴长而厚，耷耳遮眼，塌腰、卷尾，身躯肥硕，前腿叠压，后腿蜷压于躯下。朱色勾勒眼眶，原彩绘已脱落不清。高 5.8、长 13.5 厘米（图八九，1；彩版一二七）。

标本 YK：377-2，卧躺姿，嘴厚大，拱背塌腰，身躯圆健，嘴巴侧卧前腿上，贪睡懒洋洋的憨态，躯体遮压四肢，短尾上卷。彩绘已失露出原色，整为一体，手捏制作。高 4.8、长 14.7 厘米（图八九，2）。

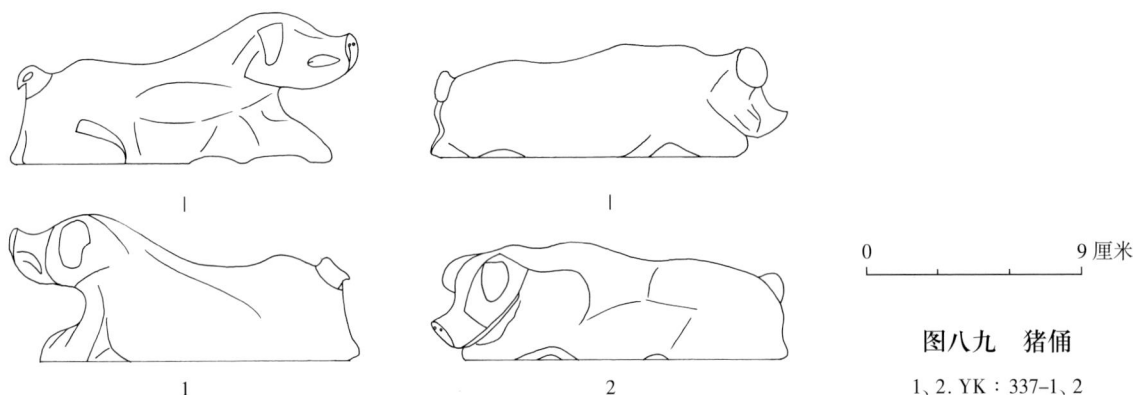

图八九　猪俑

1、2. YK：337-1、2

5. 狗俑

4 件。2 件出自俑坑后宅院殿堂西台阶两侧，1 件出自 11 号车西侧侍卫俑坐骑之下，还有 1 件在庖厨前。出土时均完整无缺，色彩保存尚好，泥质实心，手制而成，形态各不相同，标本 YK：60-20 狗趴睡憨态温顺可爱，标本 YK：55-5 仰头挺胸，造型富有动感，标本 YK：55-6 趴姿，闭嘴垂目，养神之态。姿态有机灵、有贪睡、有忠于职守等。增加了生活情趣。

标本 YK：55-5，泥质，手制，狗为蹲姿，后腿弯曲蹲地，尾巴曲翘，腰身直立，前腿绷紧直立着地，脖颈上挺，头高扬，耳竖目圆，身存白彩底色，塑造了狗站立门边忠于职守的形态。神态传神。高 16.0、宽 7.2 厘米（图九〇，1）。

标本 YK：55-6，泥质，手制，狗为趴姿，四肢屈蜷于体下，脖子挺立，头微低，闭嘴垂目，两耳下耷，一副懒洋洋的憨态可掬，闭目养神之姿。造型温顺可爱。原有彩绘已脱落不清。高 10.0、宽 13.0 厘米（图九〇，2）。

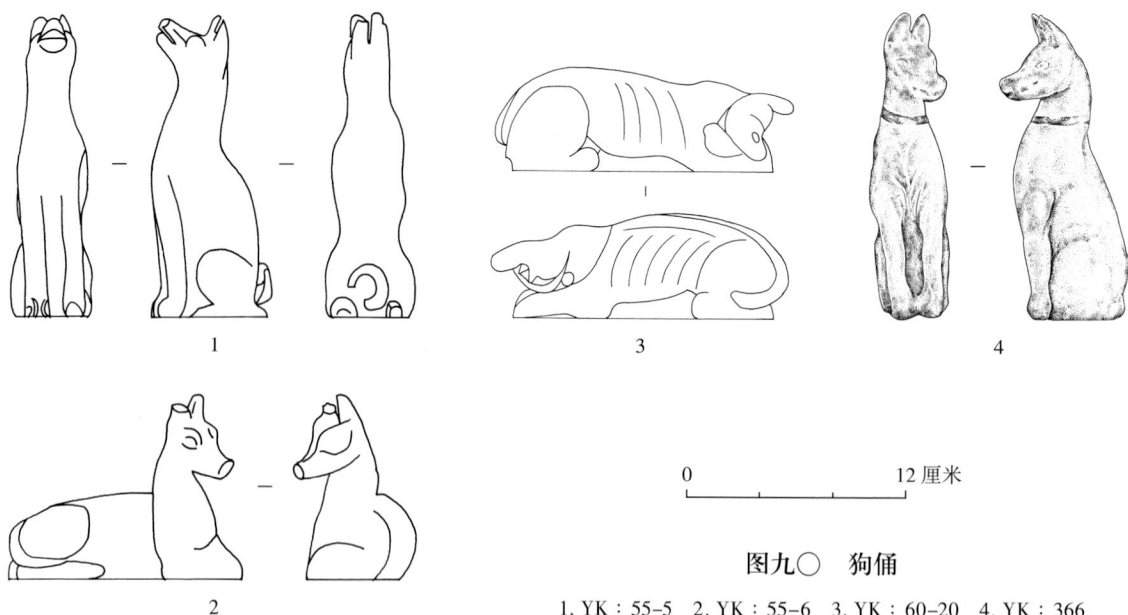

图九〇　狗俑

1. YK：55-5　2. YK：55-6　3. YK：60-20　4. YK：366

标本 YK：60-20，狗为趴伏姿，头歪，嘴巴贴于伸出的前腿上，迷眼耷耳，嘴埋腿下，鼻有孔，长尾蜷于躯上，身上肋骨表示突出，根根爆凸，身体夸张，泥质，手捏而成，神态塑造简洁传神，把狗懒散好睡的天性表现的活灵活现。身施白彩，眼及颈部施朱彩。俯卧高 5.0、体长 15.5 厘米（图九〇，3；彩版一二八）。

标本 YK：366，抬头挺胸转颈，前腿直立，后腿弯曲，双耳竖起，蹲踞于地，阔额圆嘴，似在环视着周围的动静。眼睛朱彩勾眼眶，脖颈描一圈朱彩，当为项圈，机灵可爱。高 16.5、宽 4.48 厘米（图九〇，4；彩版一二九）。

二　家禽俑

用鸡鸭等动物形象作随葬明器，是墓主人对生前鸡鸭满舍，五谷满仓富裕生活的向往和憧憬，希望进入阴间后亦有如此景观。家禽家畜陶塑作品在古代明器中占有重要的比例，尤其在汉朝时期的墓葬之中大量出现，不仅反映了当时陶塑艺术的成就，也从侧面显示了汉代庄园经济的发展和兴盛。

共 12 件。数量较少，只有鸡俑、鸭俑两类。

1. 鸡俑

5 件。分别出自俑坑 55 号殿堂前西部 2 件，殿堂西与 11 号车之间 2 件，59 号寝房后猪圈东侧 1 件。均为泥质，整身由整块泥土连成一体手捏而成，只塑出鸡的轮廓，没有明显的翅膀和鸡爪，身施白彩，朱彩勾勒翅膀。小鸡造型简洁概括，小巧玲珑，妙趣自成，活灵活现。

标本 YK：380，静立姿，方头、圆眼，尖嘴，手捏制作，头身为一体，扬首翘尾，作站立状，原色彩尚存少许，形体较小。高 3.7、长 6.9 厘米（图九一，1）。

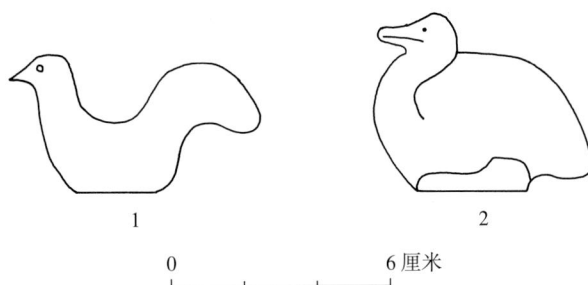

图九一　家禽俑

1. 鸡俑 YK：380　2. 鸭俑 YK：55-1

2．鸭俑

10 件。分别出自俑坑 55 号殿堂前东部 1 件，后部 57 号寝房后猪圈的东侧 9 件，均为用泥手捏塑而成，造型各异，神态逼真，身施彩绘。

标本 YK：55-1，泥质，鸭为静卧姿，小头肥身，头颈曲缩躯里，短嘴小眼，体态丰满，头部高仰，双掌屈压身下，呈之字形，制作粗糙，身有捏塑痕迹，彩绘基本脱落，仅在眼及嘴等部位勾存朱色线条。高 4.6、长 6.0 厘米（图九一，2）。

叁　陶俑

肆 陶模型器

第一节 建筑模型

俑坑内陶建筑模型包括门阙、前门、大门、戏楼、殿堂、寝房、庖厨、粮仓、水井、猪圈等。建筑模型分布于整个俑坑内，形成前有门阙，中间为前门、庭院，后有大门、戏楼、殿堂、寝房、庖厨、粮仓等完整的府邸布局。

一 门阙

2座。东西对称分布，属双出阙。

1. 东阙

标本 YK：50，阙楼呈西高东低的楼阁式子母阙。母阙通高 112 厘米，中间有腰檐，腰檐以下层高 52.0、宽 36.0、进深 16.8 厘米；腰檐上层高 59.6、宽 18.4~33.6、进深 10.4 厘米。母阙顶部为庑殿顶，中间腰檐四周呈四阿坡结构，从上部看近于盝顶，中脊两端装饰卷云纹瓦当。子阙通高 82.5、腰檐以上高 32.0、进深 10.4 厘米。子阙顶部也为庑殿顶结构，但内侧紧靠母阙处齐平未出檐，仅外侧出檐（图九二，2；彩版一三〇、一三一）。

阙正面和侧面用红色双线绘制长方形或方形图案，从位置和内容看应与门阙的建筑方式有关。双线绘制的图案显示出主体阙楼采用木质的框架结构，下侧立柱，柱子上部架横梁，横梁上立蜀柱，蜀柱上再架平梁，层层抬高，上部承阙顶。从结构看属于抬梁式结构的建筑方式。

2. 西阙

标本 YK：51，西阙门与东阙门相对，结构相同位置相反，呈东高西低状。母阙通高 112 厘米，中间有腰檐，腰檐以下层高 52.0、宽 36.0、进深 16.8 厘米；腰檐上层高 59.6、宽 18.4~33.6、进深 10.4 厘米。母阙顶部为庑殿顶，中间腰檐四周呈四阿坡结构，从上部看近于盝顶。子阙通高 82.5、腰檐以上高 32.0、进深 10.4 厘米。子阙顶部也为庑殿顶结构，但内侧紧靠母阙处齐平未出檐，仅外侧出檐（图九二，1；彩版一三二）。双红线绘制的图案显示出主体阙楼与东阙门相同，采用木质的框架抬梁式结构的建筑方式。

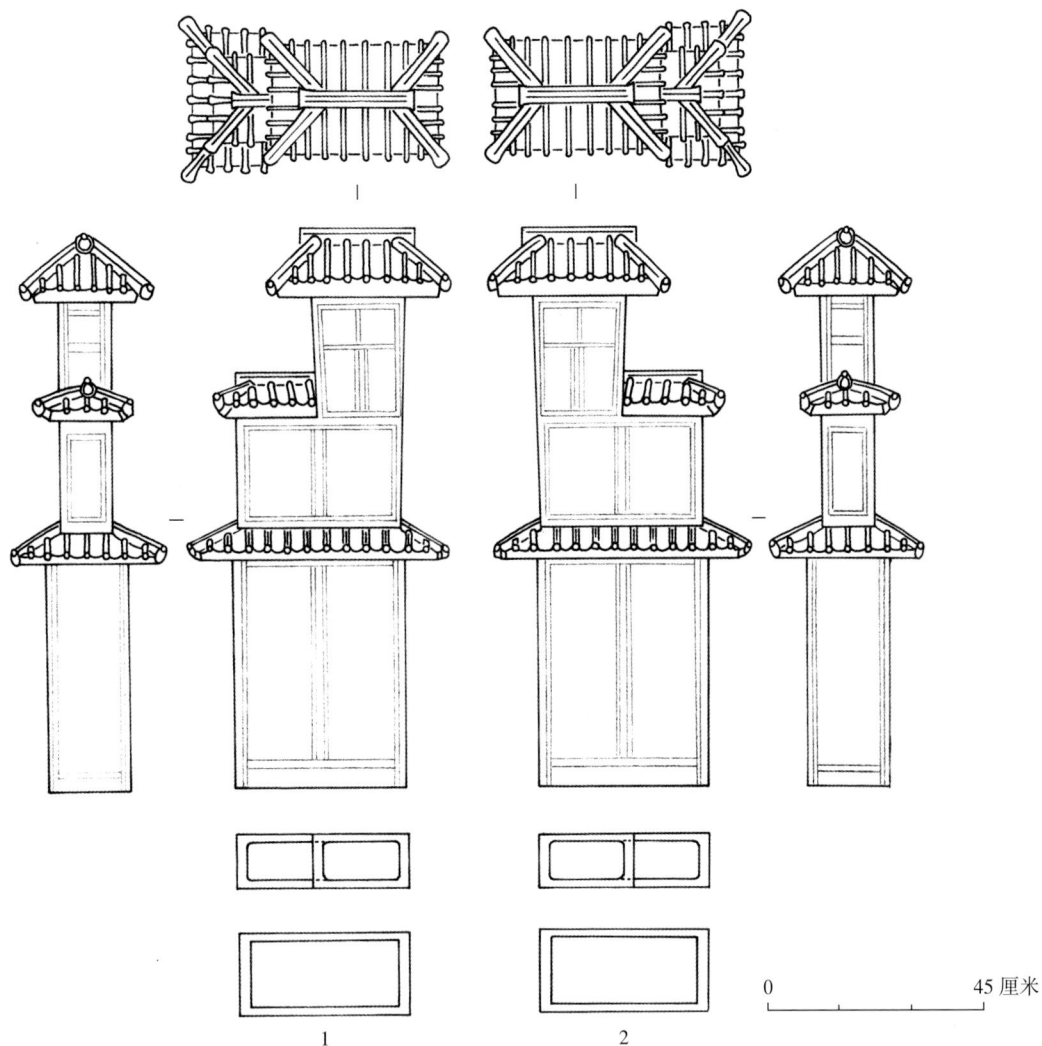

图九二 门阙

1. 西阙 YK：51　2. 东阙 YK：50

二　大门

2 座。结构相近。均为三开间，中间为过厅，东西两侧为门房，门房门朝内开。

1. 前大门

标本 YK：52，门的顶部有三架悬山式屋顶相叠构成，通长 156.0、通宽 53.0 厘米。门底部东西通长 143.0、进深 36.0 厘米。

东西门房结构基本相同。东门房，面宽 43.0、通高 69.0、高 57.0 厘米，进深 36.0 厘米。门房内侧有北向开门，高 26.0、宽 13.0 厘米。房顶为悬山式，内侧平檐，外侧庑顶，两角出戗脊，正脊外侧装饰卷云纹圆形瓦当，长 59.0、宽 53.0 厘米（图九三）。

西门房略窄，面宽 41.0、通高 69.0、高 57.0 厘米，进深 36.0 厘米。门房内侧有北向开门，

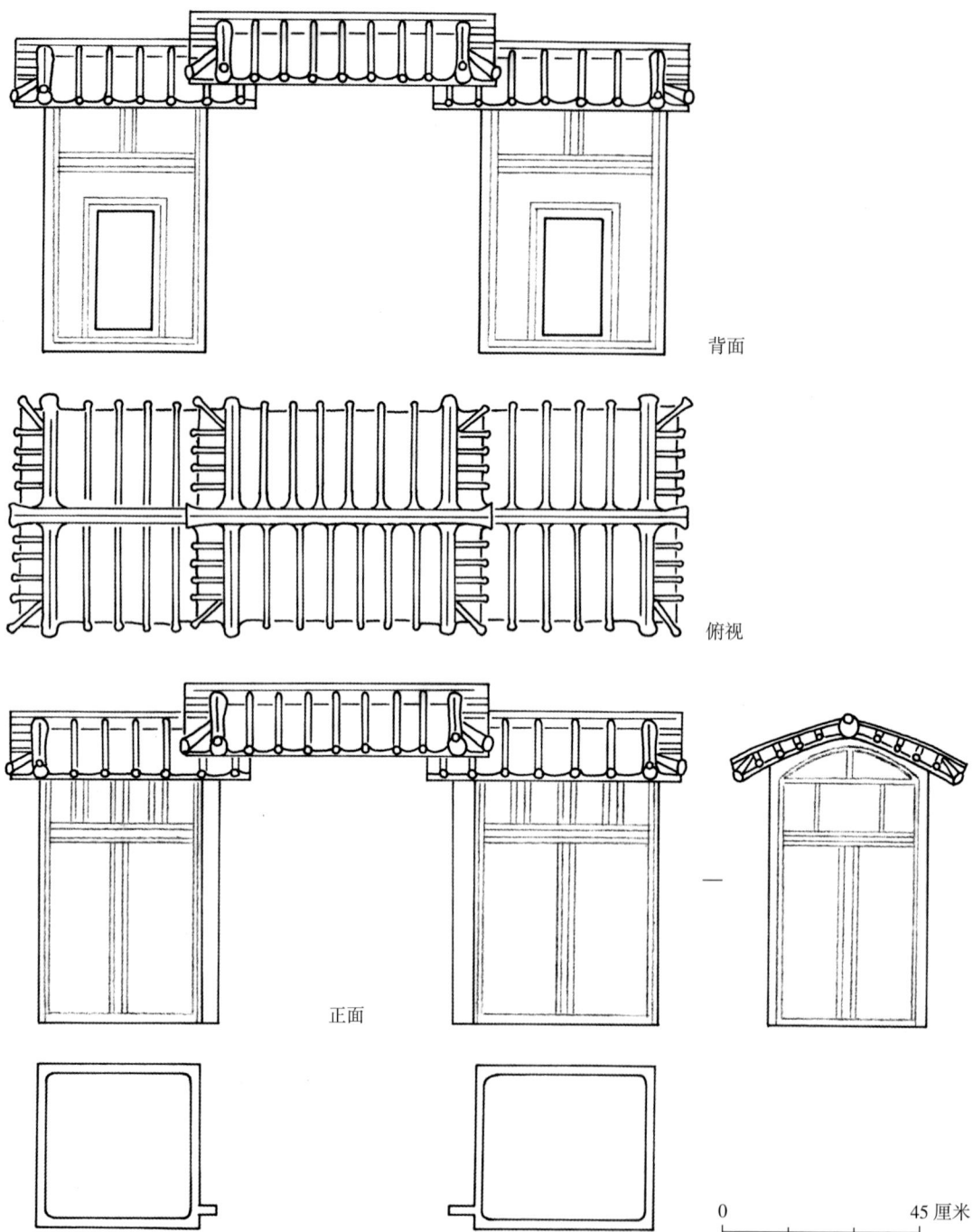

图九三　前大门 YK：52

高 26.0、宽 13.0 厘米。房顶为悬山式，内侧平檐，外侧庑顶，两角出戗脊，正脊外侧装饰卷云纹圆形瓦当，长 59.0、宽 53.0 厘米。

　　东西门房之间为大门过厅，在东西门房内侧各有凸起的门楣，东门楣宽 4.0、高 58.0、厚 1.6 厘米，东门楣距南壁 22.0 厘米。西门楣距南墙 22.0 厘米，宽 3.2、高 58.0、厚 1.6 厘米。两门楣之间形成的大门洞宽 54.0 厘米。大门门厅顶为悬山顶，叠压在东西门房屋顶之上，长 70.0、宽

53.0厘米，正脊两端有圆形卷云纹瓦当，两端庇顶，四角出戗脊。

东西门房正面、侧面和背面均用红色绘出木质框架主体结构，正面立柱上部采用双横梁、三组双蜀柱架平梁结构。东西两侧平梁上部两侧采用弧形叉手，属于抬梁式结构的建筑方式。

发掘时在门楣底部之间发现朽木的痕迹，证明底部应有门槛。而门厅之间也发现有散乱的朽木腐朽的灰迹，但不能确认是否有木质门楣或大门。

2. 后宅院大门

标本YK：53，三开间，中间为过厅，两侧为东西门房。门的顶部有三架悬山式屋顶相叠构成，通长150.0、通宽50.0厘米。门厅及东西门房东西通长128、进深36厘米（彩版一三三）。

东西门房结构基本相同。东门房，面宽37.0、通高69.0、高54.0厘米，进深36.0厘米。门房内侧有北向开门，高23.0、宽10.0厘米。房顶为悬山式，内侧平檐，外侧庇顶，两角出戗脊，正脊外侧装饰卷云纹圆形瓦当，长53.0、宽50.0厘米。

西门房略窄，面宽37.0、通高69.0、高54.0厘米，进深36.0厘米。门房内侧有北向开门，高23.0、宽10.0厘米。房顶为悬山式，内侧平檐，外侧庇顶，两角出戗脊，正脊外侧装饰卷云纹圆形瓦当，长53.0、宽50.0厘米。

东西门房之间为大门过厅，在东西门房内侧各有凸起的门楣，东门楣宽5.0、高58.0、厚1.6厘米，东门楣距南壁22.0厘米。西门楣距南墙22.0厘米，宽3.2、高58.0、厚1.6厘米。两门楣之间形成的大门洞宽45.0厘米。大门门厅顶为悬山式屋顶，叠压在东西门房屋顶之上，长68.0、宽49.0厘米，正脊两端有圆形卷云纹瓦当，两端庇顶，四角出戗脊。

三 戏楼

标本YK：54，位于院内西侧正对大门，戏楼为3层小楼，主体呈上大下小的近似方形碉堡状，通高87.2厘米（彩版一三四、一三五）。

一层，面宽40.0、高36.0、进深35.2厘米。门处于中间，高21.6、宽9.6厘米。一层与二层之间在东南角处有方形楼梯口，边长5.8厘米，供上下楼用（图九四）。

二层，结构面积与一层相同，但仅高26.4厘米。在正面偏上部中间和南面各有1个横方形窗口，背面和北面各有相对称的2个窗口。窗口宽8.8、高4.8厘米。

三层，为顶层，平面为正方形，四周为挑檐式，宽出楼一、二层的主体，面宽46.4、高25.6、进深46.4厘米。在正面及南面各有1个大型横方形窗口，宽22.4、高8.0厘米，窗口下有外凸的窗台，宽1.6、长24.0厘米。三层背面及北面各有2个对称的窗口，每个窗口宽9.6、高25.6厘米，2个窗口下有相连的窗台，宽1.6、长32.0厘米。

外墙绘制的图案显示出楼主体采用木质的框架结构，属于层层抬高的抬梁式结构的建筑方式。三层近顶正面、背面各绘制4个小扁方块，两侧面各绘制5个扁方块，可能为表示斗拱的结构。在发掘时发现该楼底部有扁方形的类似麻将牌状的小陶块，和大量破碎的瓦片，其顶部有可能存在由斗拱承托的挑檐式屋顶。

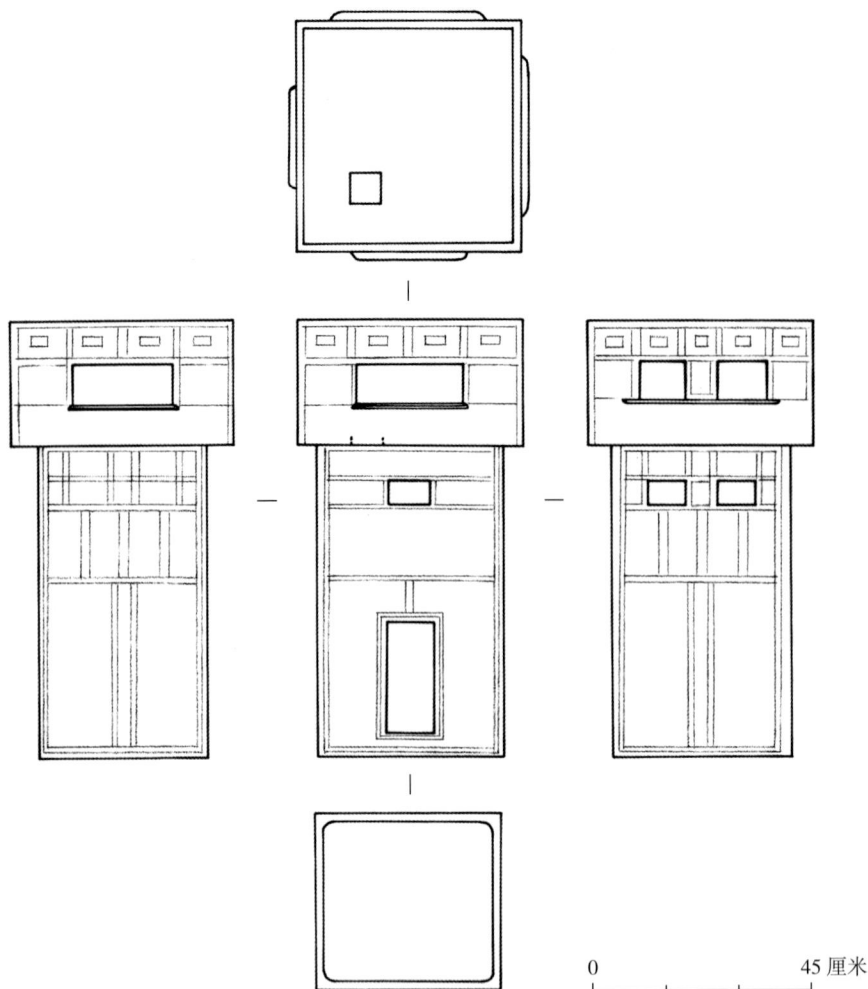

图九四　戏楼 YK：54

0　　　　　　　　45 厘米

四　殿堂建筑

标本 YK：55，后院内的主要建筑，东西长南北宽的南北向长方体建筑。下部为长方形台基，殿堂建于台基之上。殿堂中间前部为明堂，左右各有过道间，并分别与建筑左右放置的斜坡状廊阶相通。廊阶外侧留有间距相等的排孔，为原有安装木质的扶手所用。殿堂后部中间右侧还保留一间主室，左侧受到破坏，如按照左右对称的布局复原，右侧还应有一间，复原后明堂后为两间主室，左右各配置偏房。顶部为庑殿顶，堂前东西两侧设有台阶，西台阶位置清楚，台阶西侧有 1 只卧犬，东侧有 1 只立犬（见图六六）。由于仅西半部保存较好，东半部受到破坏，从西半部可看出殿内分为前堂、后室、偏房等结构。而且东西两侧设有小门，小门外侧有斜坡状廊阶可以上下台基进出殿堂（图九五）。

殿堂建筑正面朝南，东西四开间，面阔 82.8、进深 54.8 厘米。下部有长方形台基，东西面宽 84.0、南北进深 59.0、高 19.2 厘米。殿堂通高 90.0、房高 49.2 厘米。顶为庑殿顶，东西108.0、南北 72.0 厘米。正脊较短，长 58.8 厘米，两端有圆形云纹瓦当，四条戗脊长 48.0 厘米，

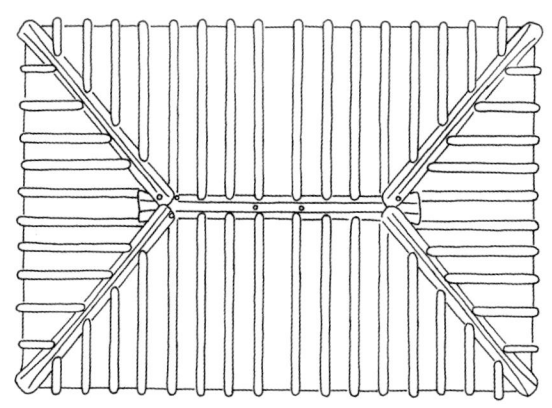

俯视

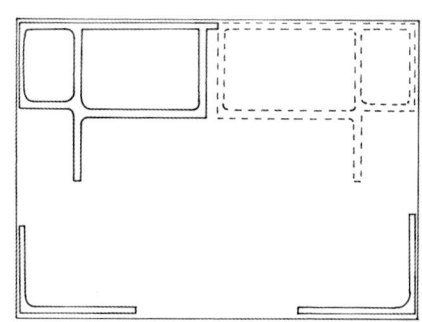

内俯视

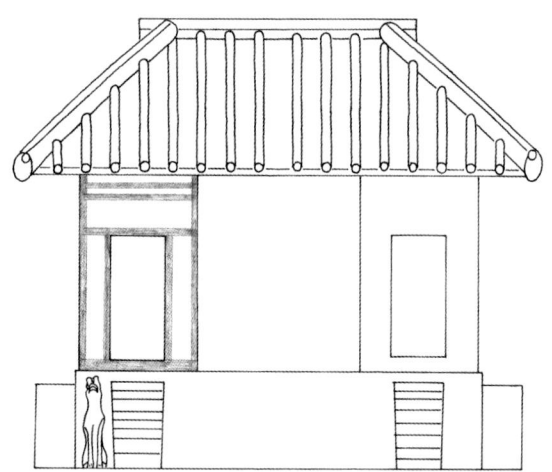

正视

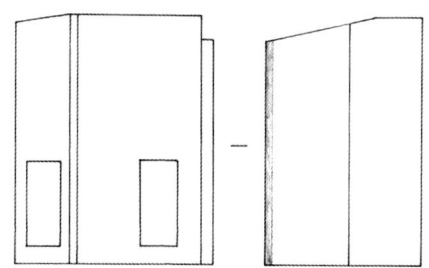

前　　　　左侧

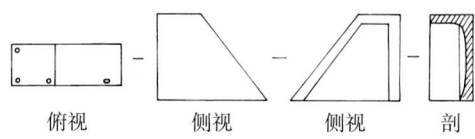

俯视　　侧视　　侧视　　剖

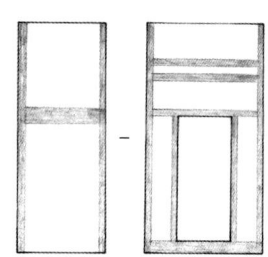

左　　　前

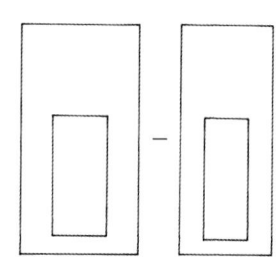

前　　　右

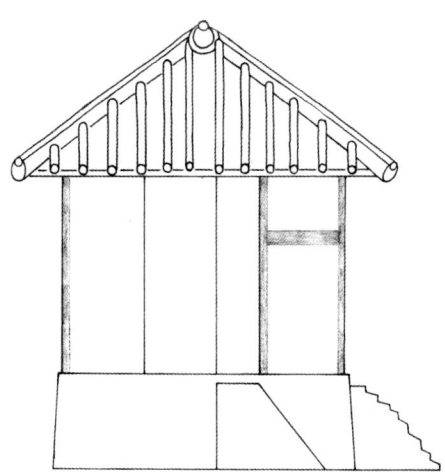

左侧

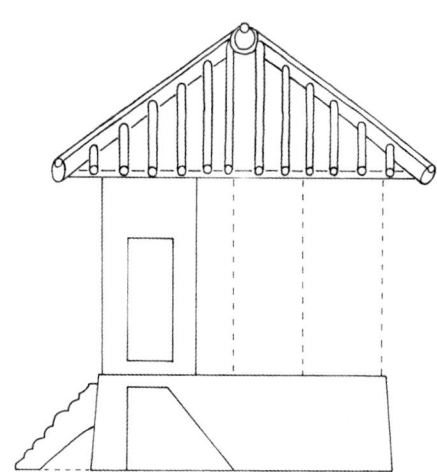

右侧

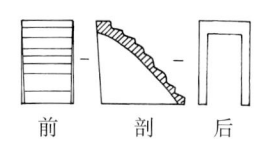

前　　剖　　后

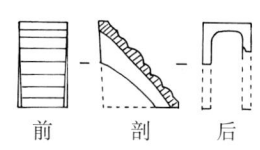

前　　剖　　后

0　　　　　　　　　45 厘米

图九五　殿堂建筑 YK：55

外端亦装饰圆形云纹瓦当。屋顶东西两面各有 10 条竖脊，南北各有 16 条横脊。殿堂建筑正面有 2 个台阶，台阶高 26.8、宽 10.8 厘米，有台阶 8 阶。建筑东西两侧各有一斜坡状廊阶，高 26.8、宽 9.0 厘米。

五　寝房

共有 4 座（见图三〇），位于后院最后端，均为悬山顶平房，但寝房结构有所不同。

临淄山王村汉代兵马俑

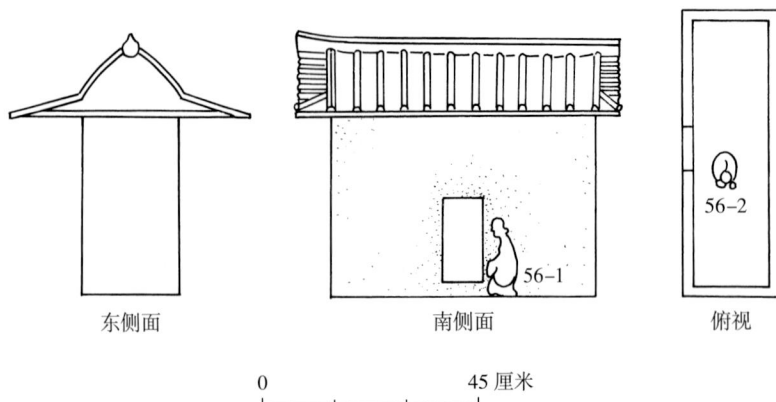

东侧面　　　　　　　南侧面　　　　　俯视

0　　　　　　　45 厘米

图九六　1 号寝房 YK：56

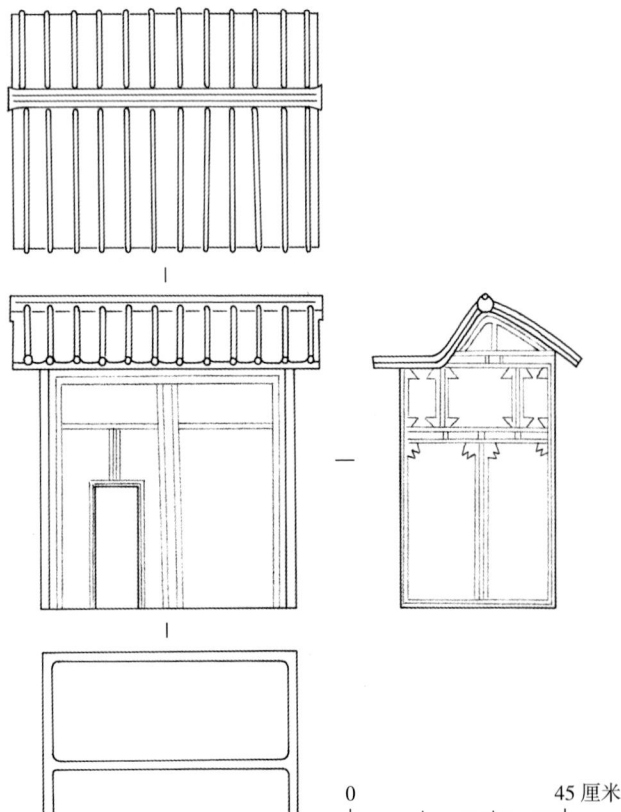

0　　　　　45 厘米

图九七　2 号寝房 YK：57

1．1 号寝房

标本 YK：56，位于最西端，三开间，面阔 55.0、进深 20.0 厘米。房顶东西长 67.0、南北宽 60.0、通高 53.0 厘米，为悬山顶，有东西庇顶，四角出戗脊，房檐前后均出厦，各宽 15.0 厘米。南面正中有门，高 17.0、宽 9.0 厘米、门外东侧有 1 名坐俑，面朝西，室内也有一 1 名坐俑（图九六）。外墙有朱色绘制的图案，但脱落褪色，结构不明。

2．2 号寝房

标本 YK：57，寝房，位于中部偏西，西邻 YK：56。东西两开间，面阔 52.8、进深 32.4 厘米。房顶为悬山顶，南侧房檐前出厦，宽 9.0 厘米。房门朝南，开设在西间正中，高 24.0、宽 9.0 厘米（见图三二）。正脊处于房顶偏后的位置，两端有圆形云纹瓦当。屋顶东西长 60.8、宽 43.8 厘米，两侧各有南北向竖脊 12 条（图九七；彩版一三六）。

外墙绘制的图案显示出楼主体采用木质的框架结构，属于抬梁式结构的建筑方式，正面 2 架，偏上部有横梁。侧面也有 2

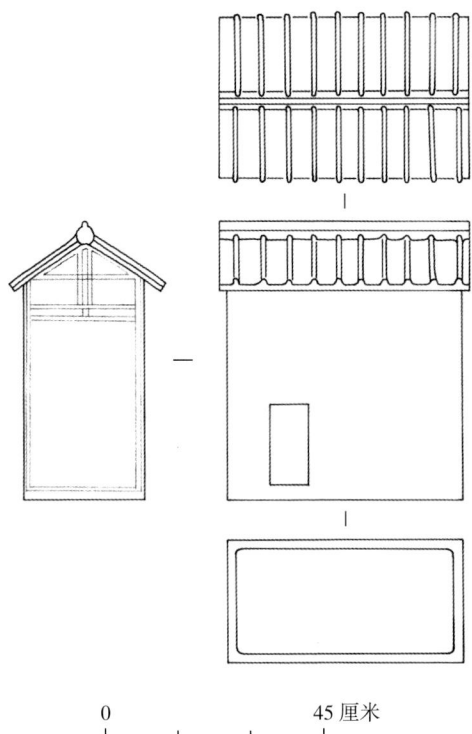

图九八　3号寝房 YK：58

架，上部有 2 组 4 根横梁，横梁之间设短立柱，中间相距 13.2、两侧相距 5.4 厘米，前面短柱处在支撑出檐的位置。最上部为侧三角形梁架结构，支撑屋顶。室内有 6 名坐俑，环绕团座，面前有琴、鼓以及耳杯等，呈饮酒行乐场面（见图三三）。

3. 3 号寝房

标本 YK：58，寝房，位于中部偏东，西邻 YK：57。东西两开间，面阔 48.0、进深 24.0 厘米。门朝南，开设在西间中部，门较矮，高 13.4、宽 7.8 厘米。房顶为悬山顶，正脊两端有圆形云纹瓦当。屋顶东西长 51.0、宽 33.6 厘米，两侧各有南北向竖脊 10 条（图九八；彩版一三七）。

外墙正面未见彩绘，侧面绘制主体采用木质的框架结构，属于抬梁式结构的建筑方式，偏上部有 3 横梁，下横梁中间设短立柱，支撑二梁，二梁与上梁中间对称设立 2 根立柱，至顶端，形成上部 2 个侧三角形梁架结构，支撑屋顶。

4. 4 号寝房

标本 YK：59，位于最东侧，东西两开间，面阔 50.0、进深 18.0 厘米。屋顶为悬山顶，东西长 60.0、南北宽 57.0、通高 46.0 厘米，两侧各有南北向竖脊 9 条。南面偏西侧有长方形门，高 18.0、宽 9.0 厘米。室内有 2 名坐俑，南北对座。外墙有朱色绘制的图案，但脱落褪色，内容不清，结构不明（图九九）。

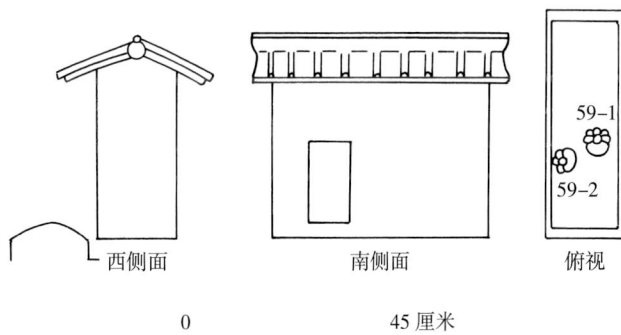

图九九　4号寝房 YK：59

六　庖厨

标本 YK：60，庖厨，位于后院东北角处。单间式，面阔 40.8、进深 24.0 厘米。厨房东南北三面为封闭式墙体，西面为开放式。内有厨师及操作人员，放置炉灶、炊具、厨师、食具等。屋顶为一面坡式，长 54.0、宽 30.3 厘米。外侧有东西向 7 条竖脊（图一○○；彩版一三八），厨前并设有陶质水井架一副，井体近似方形，上沿四面并有 4 个对称插孔，可安置木质井架。井内并有 2 件尖底罐为汲水器。

七　粮仓

标本 YK：61，位于东北角处，北侧紧靠庖厨。正面朝西，南北两开间，面阔 55.2、进深 27.0 厘米。仓正面上部开设有 2 个对称小横窗，长 7.2、高 4.8 厘米。房顶为庑殿顶，南北长 72.0、东西宽 49.2 厘米。正脊较短，长 30.0 厘米，两端有圆形云纹瓦当，四条戗脊长 31.8 厘米，外端亦装饰圆形云纹瓦当。屋顶东西两面各有 8 条竖脊，南北各有 6 条横脊。外墙绘制属于抬梁式结构的建筑方式，正面采用木质的框架结构，分为上下两部分。下部中柱为 2 根立柱，支撑上部双横梁，横梁上还有多根蜀柱，中间又穿插短横梁，蜀柱上端支撑平梁及屋顶。侧面仅有 2 根立柱的大框架结构（图一○一；彩版一三九）。

八　猪圈

2 件。出于俑坑的最后端东北角，位置为东西向，泥质，手制而成，保存完整。

标本 YK：377，通长 39.7、宽 22.2、高 6.7 厘米，平面呈不规则长方形框架，无底，内置两头侧卧的猪。前侧凸出的方形器耳，中间有空心贯孔，或为给猪喂食猪槽（图一○二，1；彩版一四○）。

九　井架

1 件。出自厨房的南部位置。

标本 YK：60-6，形泥质实心，井架正方形，平面呈"井"字形栏，手制。薄壁空心，平面壁中间有对称四孔。壁面施白彩，已脱落不清。长 12.8、宽 12.8、高 1.2 厘米（图一○二，2）。

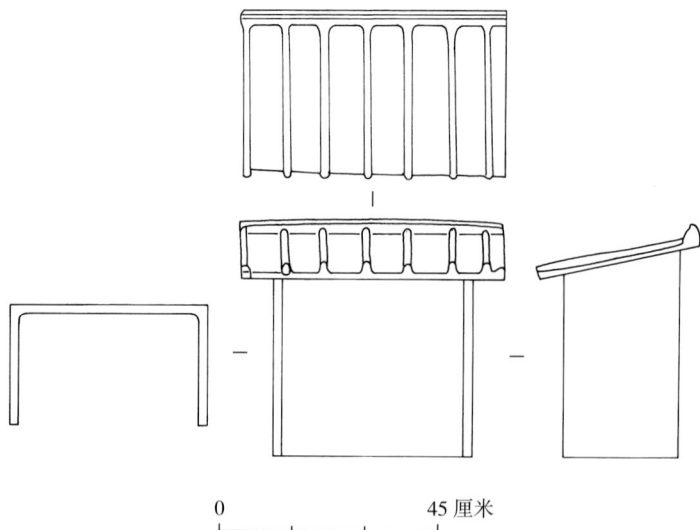

0　　　　　　　45 厘米

图一○○　庖厨 YK：60

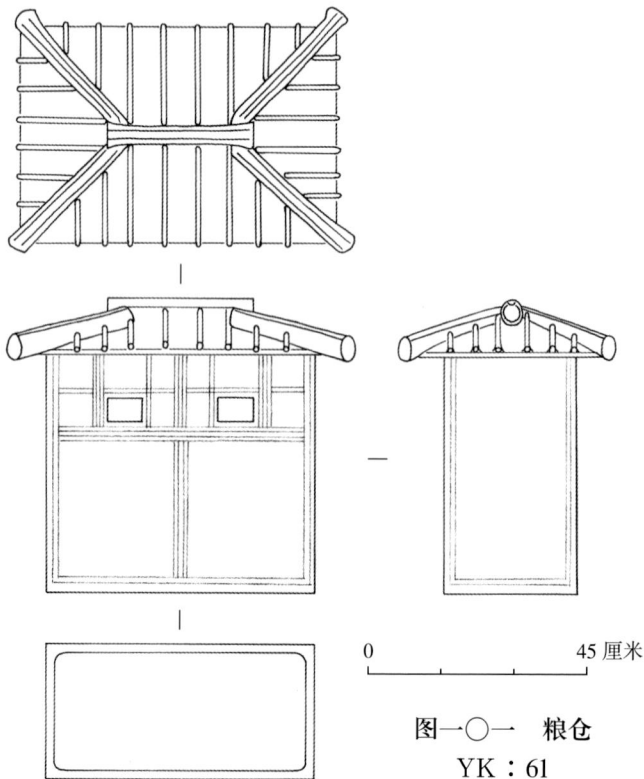

0　　　　　　　45 厘米

图一○一　粮仓
YK：61

临淄山王村汉代兵马俑

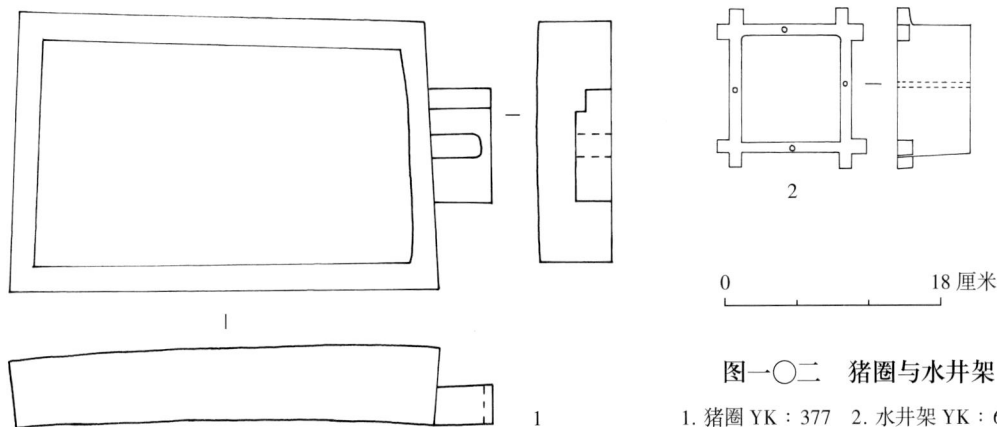

图一〇二　猪圈与水井架

1. 猪圈 YK：377　2. 水井架 YK：60-6

第二节　陶车

俑坑内共随葬 11 辆陶车模型，车长一般在 105 厘米左右，约为汉代当时实用车的三分之一。11 辆车分为三类，第一类独辕车，第二类为双辕车，第三类为牛车。

一　独辕车

俑坑内的陶质独辕车共 8 辆，均驾四马，1~5 号车可能为战车，8~10 车为驷马安车，但从车的结构看基本相同，可能只是用于不同的用途。发掘时车舆、车轮及相关构件虽然遭到一定程度的损坏，但车舆、辕、衡、轭、轴、伏兔以及车轮及轮牙、车辐、车毂等构件大部保存完好，基本保持原貌，可参照复原。

（一）各部件结构

1. 舆

后部为开放式的横方形箱式结构，舆广 48.0~51.0、进深 18.0~21.0 厘米。车舆最高处为车舆中部偏前侧的车轼的位置，一般高 24.0~30.0 厘米。车舆前部及左右两侧均为板式结构，车舆前轳下部垂直，上部向后斜折内凹顶部与车轼连接。左右两侧轳对称，前端上部后曲上翘接车轼，后部平直接后角柱。

车舆后部两外侧有较窄的呈竖三角形后车轳，形成下窄、上宽的敞口式车门，车门下宽 39.5~42.0、上口宽 32.0~36.0 厘米。车门两外侧各有凸起的圆柱，应是后角柱的装饰（图一〇三）。

2. 辕

水平长 85 厘米，呈弯曲状，前部上昂，后部近平直。前端軏近似龙首形，长 5.4 厘米，顶端上部下凹承横，辕前部距軏 9.0 厘米处有的有一周或两周凸棱。辕中间断面呈封口状 U 形的上平下圆状，上平面宽 3.2、厚 3.2 厘米。辕后部逐渐内收，近车踵端变窄，宽 2.3 厘米，厚度

正视

侧视

正视

俯视

后视

后视

1.1 号车

正视

侧视

箭箙

俯视

后视

4.10 号车

2.8 号车

0   30 厘米

正视

后视

图一〇三 马车模型构件

3.4 号车

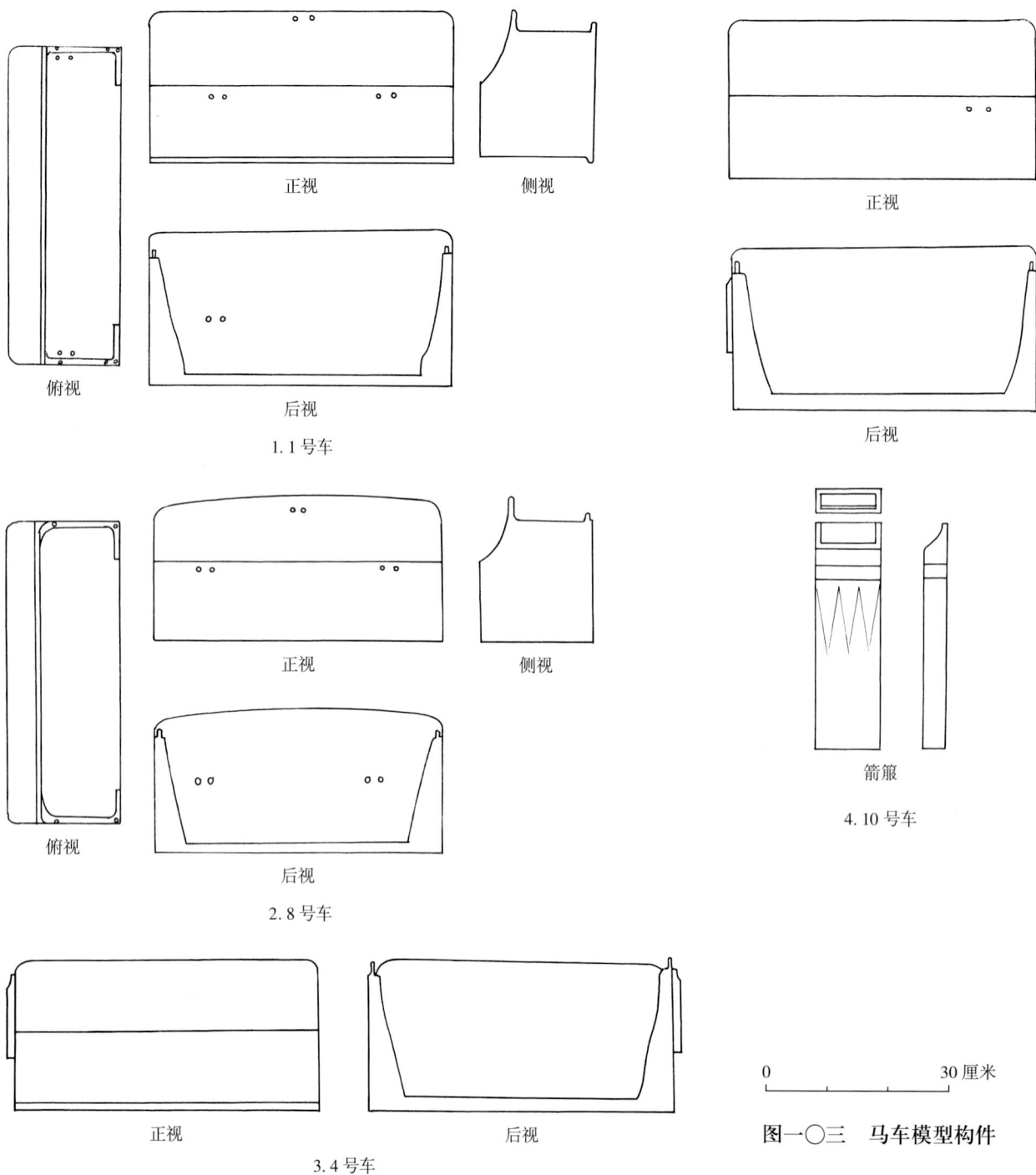

也减为 1.6 厘米。车辕前部有的有朱色涂绘（图一〇四，1~3）。

3．衡

在軏上内侧，大体呈直圆柱状，中间略上鼓，长 39.0、直径 1.9 厘米。两端距衡末端约 1 厘米处有一周凸棱，应作为衡末装饰，宽 0.4、厚 0.2 厘米。衡上还有 4 组 8 道绳痕迹，应与连接左右两服马驾车有关（图一〇四，4）。

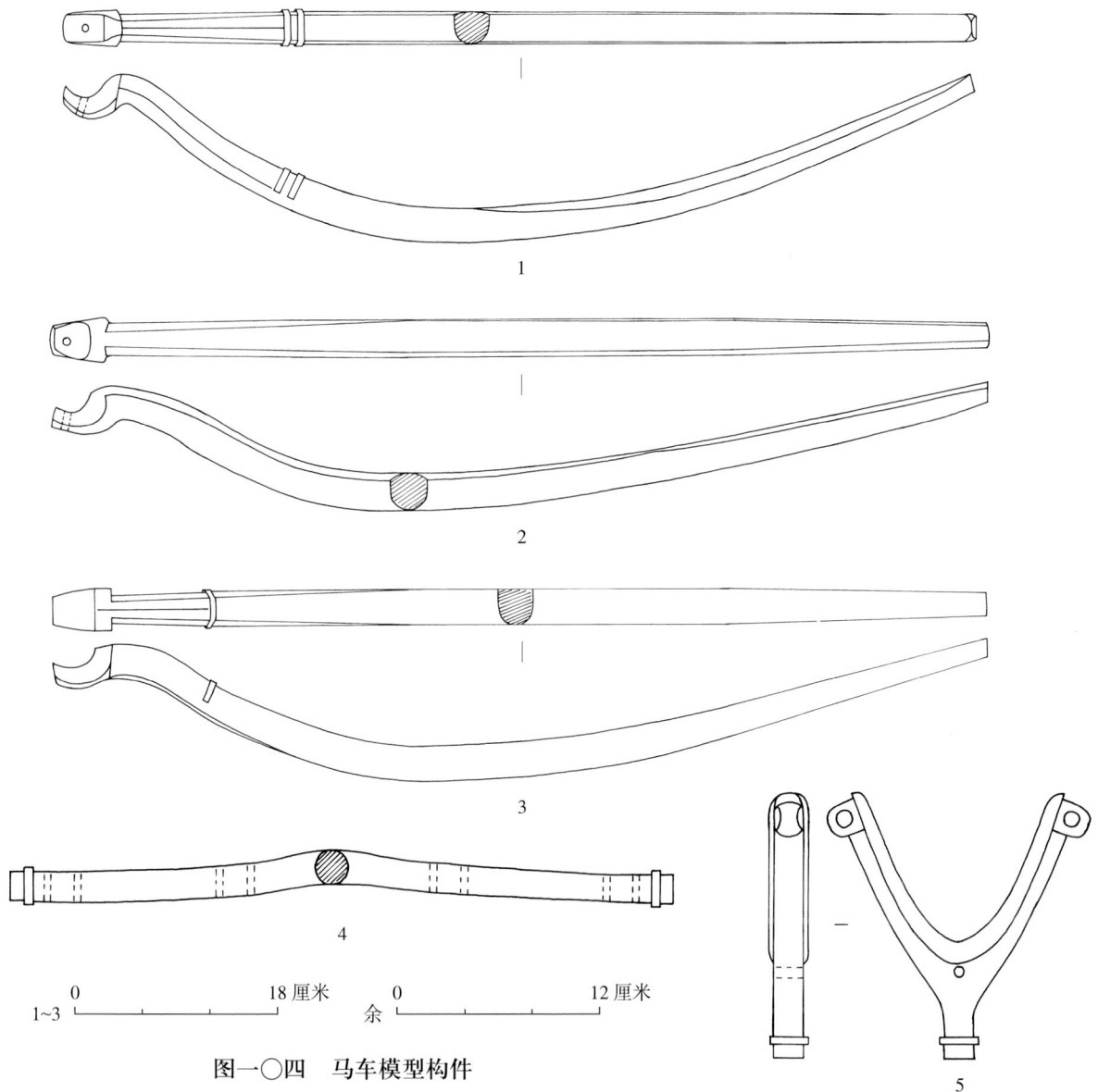

図一〇四　马车模型构件

1~3.辕　4.衡　5.轭

4. 轭

位于衡两侧，通高 15.2 厘米，上部为轭首，中间为轭身，下有两轭肢。轭首呈圆柱状，直径 1.8 厘米，距轭首顶端 0.7 厘米处有一周凸棱，应为轭首饰。轭身为扁平状，厚 1.8 厘米，中间有一圆孔。轭两下肢对称分开，下端轭軥呈圆鼻状，宽、高仅为 2.0 厘米，中间有圆孔，孔直径 0.6 厘米，应为穿挂车轭与马连接绳所用。在轭裆部、轭肢内侧还类似轭垫的痕迹，宽 2.4 厘米，上部厚 1.2、下端厚 0.6 厘米（图一〇四，5；彩版一四一）。

5. 轴

横贯于车舆的底部，通长 73.0 厘米。呈中间粗两端细的圆柱状，中间最粗处直径 3.6、两端最细处直径 1.2 厘米（图一〇五，1）。

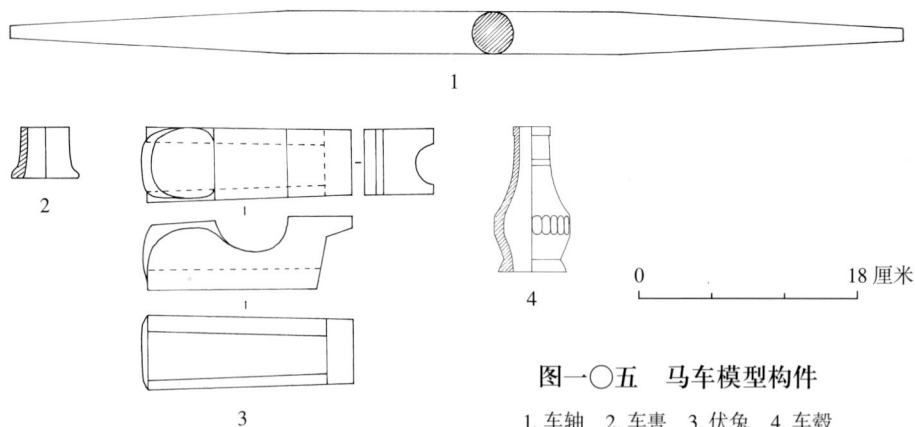

图一〇五　马车模型构件

1. 车轴　2. 车軎　3. 伏兔　4. 车毂

6. 车軎

位于车轮外侧轴的两端，无辖只有軎，近似一端略大的空心圆筒状，靠近车轮一侧直径略大并加厚呈台状，外侧呈筒状，长 4.0 厘米，内侧外径 4.8、内径 2.8 厘米，外侧外径 4.0、内径 2.6 厘米（图一〇五，2）。

7. 伏兔

轴与车箱底部车轸之间垫有伏兔。伏兔近似长方形，底部通长 17.6 厘米，上端长 14.2 厘米。伏兔一端为圆角略大，一端为方形略小，大端宽 6.0、小端宽 5.6 厘米。上侧有纵向 U 形凹槽，用以纳入车轸，承载车箱，凹槽上口宽 3.4、深 1.4 厘米；下侧中部则有横向下凹的 U 形凹槽，以衔接车轴，凹槽下口宽 6.0、深 2.4 厘米（图一〇五，3）。

8. 车轮

一般直径在 41 厘米，车牙近似中间厚的腰鼓形，中间厚 3.4、外侧厚 1.8、内侧厚 1.7 厘米。牙内侧有装辐条凿孔，共 24 个，应装 24 根车辐条，长 1.6、宽 0.9、深 1.2 厘米（图一〇六，1）。

9. 车辐

近似船桨形，通长 16.4 厘米。牙端呈圆形，长 7.4 厘米，至股端逐渐变粗，中间直径 0.5 厘米。股端长 9.0、宽 1.4 厘米，断面近似中间厚两侧尖圆的椭圆形，中间厚 0.8 厘米（图一〇六，2）。

10. 车毂

近似横置的壶形，通长 23.0 厘米。轵端细长，外端加厚凸起，外径 6.0、内径 4.0 厘米。贤端粗短，呈亚腰形，外径 11.2、内径 5.2 厘米。中间最粗，外径

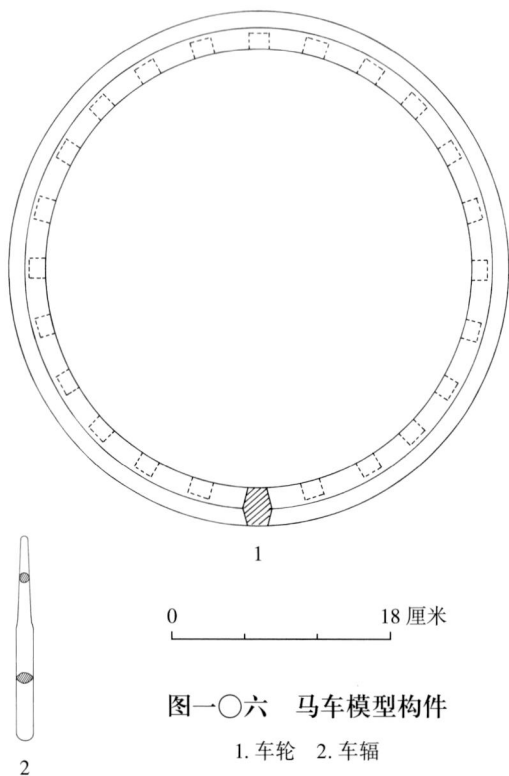

图一〇六　马车模型构件

1. 车轮　2. 车辐

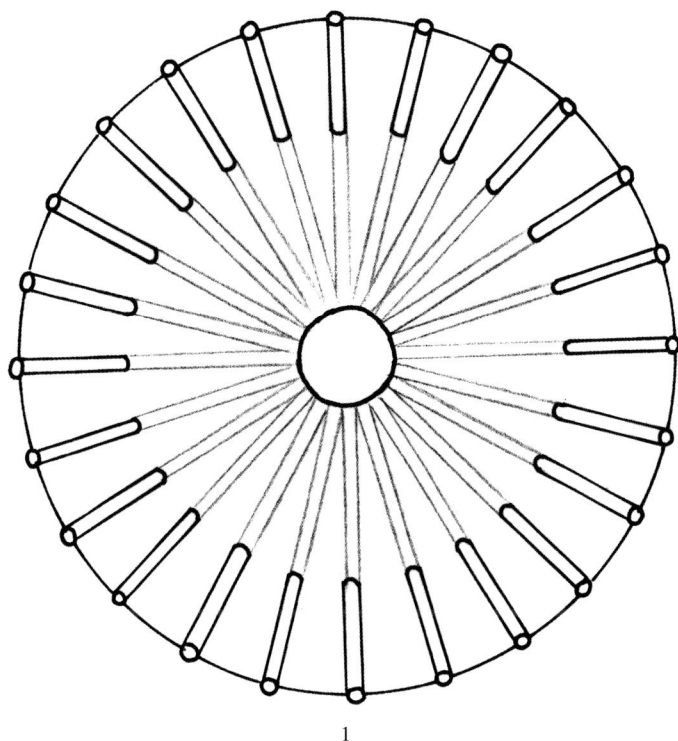

图一〇七　马车模型构件

1. 车伞　2. 伞柱

13.4、腔内径 10.2 厘米。中间有装辐条股端的凿孔 24 个，呈椭圆形，长径 1.4、短颈 0.8 厘米（图一〇五，4）。

11. 车伞

在 8 号、9 号车上还装有车伞，由伞盖和伞柄和盖斗构成。伞盖城弧顶圆形，直径 54.0 厘米。内侧有 24 根盖弓，每根通长 36 厘米，外侧有圆柱形盖弓帽式装饰，长 5.4、径 1.5 厘米。伞柄中间为元柱状，下端为细隼，插入车箱底部，上端近伞盖处加粗加厚呈圆台状为盖斗，连接盖弓，承接伞盖。伞柄通长 59.4、中间直径 3.6、上端盖斗最大径为 7.8 厘米，下端细隼长 1.2、径 1.8 厘米（图一〇七；彩版一四二）。

（二）独辕车分述

俑坑内的独辕车均为驷马车，驾四马，根据用途的不同及结构的差异又可分为戎车、安车两类。

1. 戎车

共 5 辆，属于战车类，车舆旁侧附有长方形立式箭箙。1~5 号车属于戎车类。

1 号车

主车，驾四马。车舆长 50.0、进深 19.0、高 24.5 厘米。后车门上宽 47.4、下宽 38.6 厘米。车轮直径 40.8 厘米，辐条 24 根。在车舆前部、车舆底部分布有多组细孔，每组有 2 个小孔组成，车左右辖上部后部各有 1 组双孔，前部还各有 1 单孔。细孔直径约 0.6 厘米，可能为安装木质或皮革类相关部件，因腐朽具体结构及用途不明。复原后车通长 105.0、通宽 75.0、通高 44.5 厘米。

车舆内中间为主乘者，身材高大，左侧为个体较小的护卫俑，右侧为驭手。三者均站立在车中（图一〇八）。

1号车是整个俑坑内的主乘车，车前左右两侧各有2名骑兵护卫，车舆左右两侧各有5名骑兵护卫，车后部有12名骑兵护卫，该车共有26名骑兵俑前后左右护卫，可见其主人的重要地位。驾4马。车舆长48.0、进深18.6、高22.8厘米（彩版一四三）。后车门上口宽45.6、下口宽37.2厘米。车舆有多组细孔。车轮直径40.2、车辐条24根。车通长105.0、通宽75.0、通高44.5厘米。

2号车

位于主车左后侧，驾4马。车舆长48.0、进深18.6、高22.8厘米，后车门上口宽45.6、下口宽37.2厘米。车舆有多组细孔，结构及位置与1号车相同。车轮直径40.2、车辐条24根。车通长105.0、通宽75.0、通高44.5厘米。车舆内中间为驭手，左右两侧为护卫卒俑三者均站立在车中。2号车内包括驭手均为士兵卒装束，左右各有1名骑兵俑，共同组成对1号车的护卫阵。

3号车

位于主车右后侧，驾四马，马首紧靠与前面的骑俑前。车舆长47.8、进深23.4、高17.4厘米。后车门上口宽45.5、下口宽37.2厘米。车舆前有3组细孔，结构及位置与1号车相同，在车左右轿上部前后部各有1单孔。车轮直径40.2、车辐条24根。车通长105.0、通宽75.0、通

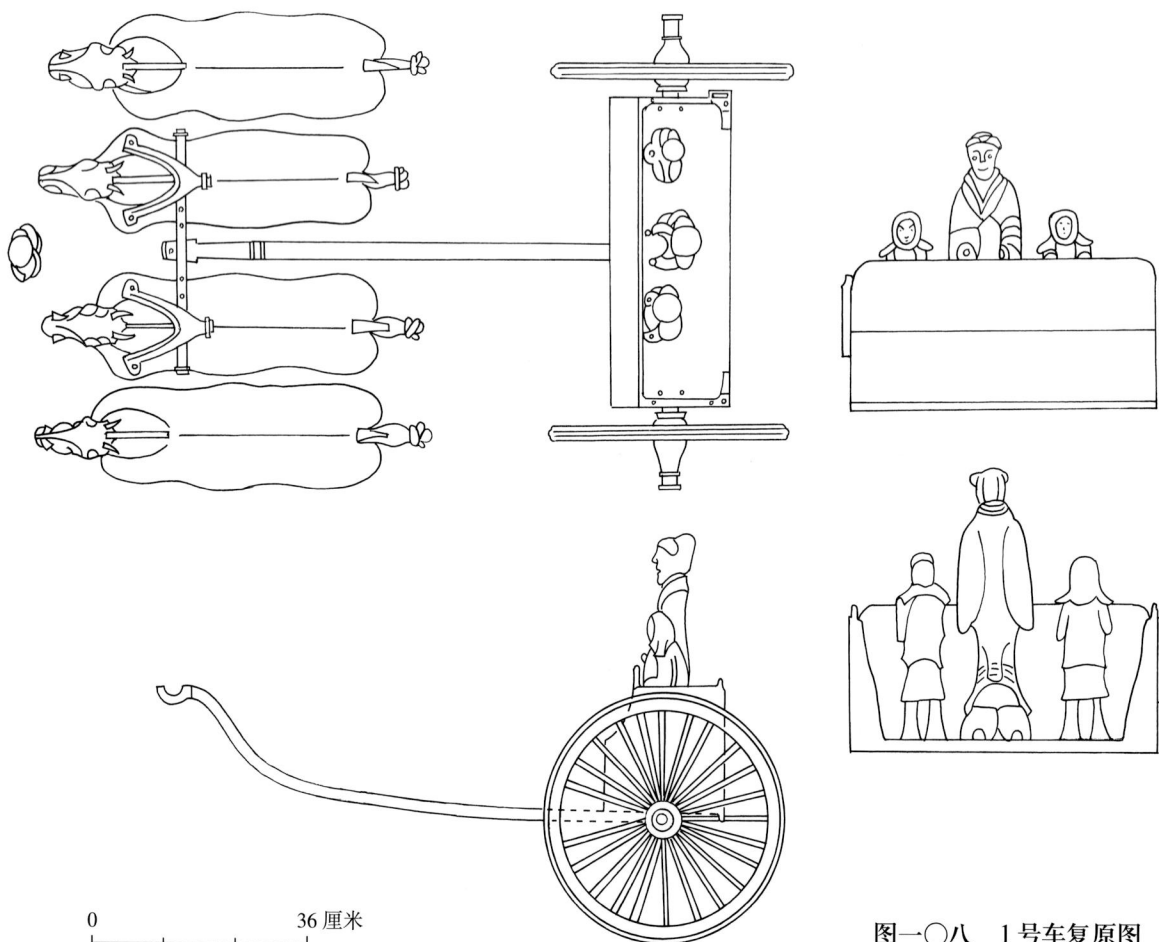

0   36厘米

图一〇八　1号车复原图

高 44.5 厘米。车舆内中间为驭手，左右两侧为护卫卒俑，三者均站立在车中，包括驭手均为士兵卒装束。

4 号车

在左侧 2 号车后部，驾四马，马首前中部有 1 名面朝北的牵马俑。车舆长 52.4、进深 19.9、高 24.0 厘米。后车门上宽 46.2、下宽 39.0 厘米。车轮直径 40.2 厘米，辐条 24 根。该车在车舆底部有 2 组、4 个小孔，车左右辂上部后部各有 1 组双孔，前部还各有 1 单孔。车通长 102.0、通宽 74.6、通高 43.8 厘米。车舆内中间为驭手，左右两侧为护卫卒俑，三者站立在车中，均为士兵卒装束（图一〇九；彩版一四四）。

5 号车

在右侧 3 号车后，驾四马。损坏比较严重，可复原，车舆结构及布局与 4 号车基本相同。

2. 安车

共有 3 辆，分别为 8 号车、9 号车和 10 号车。其中前两辆车有车伞，10 号车有箭箙。

8 号车

位于后院东侧前部，驾四马，两服马前有 1 名形体较小的牵马俑。车舆及各部件保存完好。车舆长 51.2、进深 19.8、高 21.0 厘米，后车门上宽 47.2、下宽 38.9 厘米。辕长 94.8、车衡长 38.4 厘米。车轮直径 41.2 厘米，辐条 24 根。车伞高 39.6、伞盖直径 39.6 厘米。车通长 111.0、通宽 72.0、通高 61.8 厘米。车舆内右侧有驭手，中间有车伞，右侧应为车主的乘车位置（图

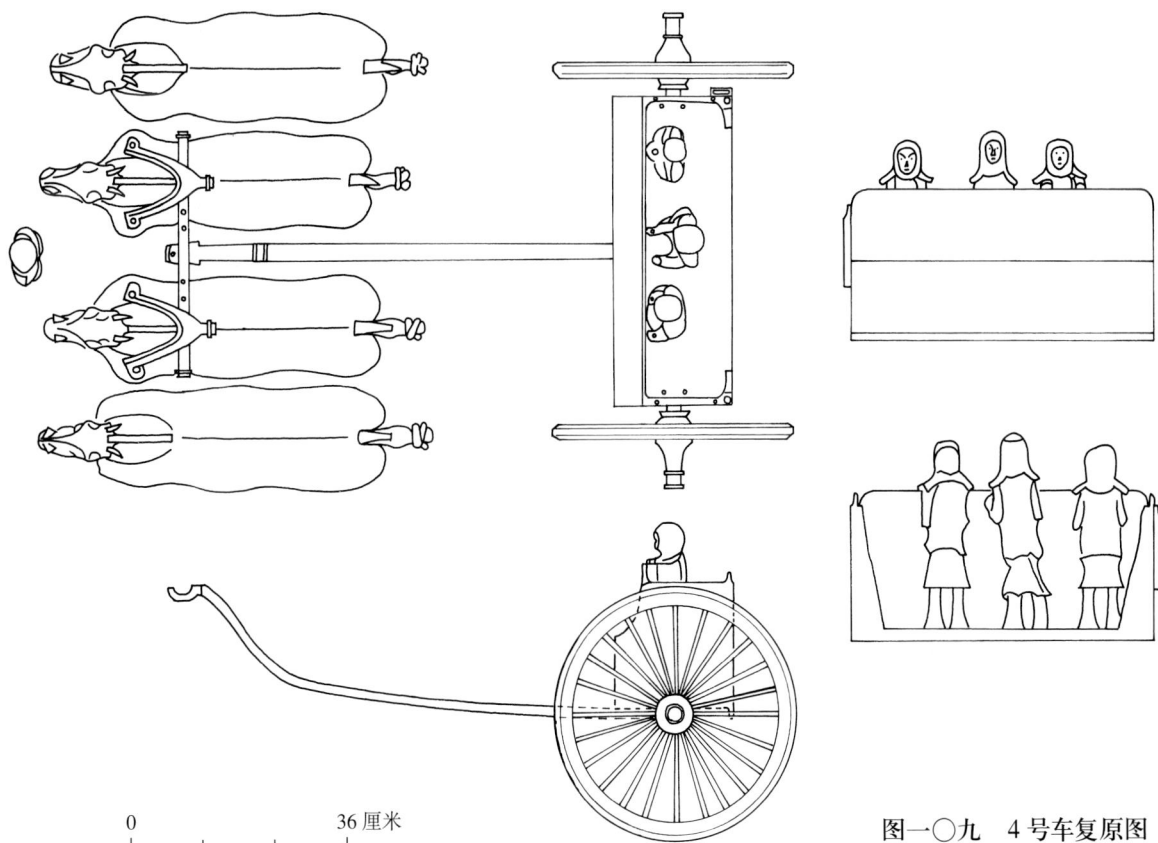

0 _____ 36 厘米

图一〇九　4 号车复原图

一一〇；彩版一四五、一四六）。

从车驭手的坐姿看，乘车者也应为坐乘。《礼记》："安车，坐乘"，《续汉书·舆服志》："立乘曰高车，坐乘曰安车"，此车为文献所载之"驷马安车"。车舆左右各有1名骑马侍从俑，与前面的骑兵护卫俑的形态不同，未穿铠甲。车舆后部有两名个体较小的立俑，面朝8号车，应为该车侍从俑。

9号车

9号车位于8号车后部，驾四马，结构与8号车相同，也属于驷马安车（彩版一四七）。两服马前部有牵马俑，位于两服马之间。车舆长51.2、进深19.8、高21.0厘米，后车门上宽47.2、下宽38.9厘米。辕长94.8、车衡长38.4厘米。车轮直径41.2厘米，辐条24根。车伞高39.6、伞盖直径39.6厘米。车通长111.0、通宽72.0、通高61.8厘米。车舆内右侧有驭手，中间有车伞，右侧应为车主的乘车位置。

车前有2名形体较大的文吏俑，面对9号车，应为9号车侍从。车舆左右各有1名骑马护卫武士俑，与前面的骑兵护卫俑的形态不同，未穿铠甲，上衣为中开领，体型健壮，面部与常见中原汉人面部特征不同，眼睛内凹，颧骨圆高，具有少数民族勇士特征。车舆后部有3名个体中等的立俑，面朝9号车，作送行状，应为该车随从俑。从车舆结构护卫、侍从的布局看，该车应为车马出行中的主车，为何采用胡人勇士护卫有待研究。

10号车

10号车位于后院西侧，驾四马，为驷马安车（彩版一四八）。两服马前部牵马俑。车舆长51.0、高26.4、进深23.0厘米（图一一一；彩版一四九）。车门上口宽46.2、下口宽39.6厘米。车舆前軨及左右两侧车輢有凸起的方格及相叠的菱形图案（图一一二）。车辕长96.4、车衡长38.6厘米。车轮直径39.6厘米，车辐条24根。该车舆、车辕、车轭、车衡以及车轮均饰有红色或彩绘。车通长99.8、通宽75.0、通高53.9厘米（彩版一五〇）。车舆内侧还有1名站立的驭手，发掘清理时该车舆向前倾倒，驭手位于车舆中部。箭箙位于车舆左侧前列（图一〇三，4）。

车前有2名形体较大的文吏俑，面对10号车，应为迎送的侍从。车舆后部有2名身着彩绘服装的侍女。后部左右还各有1名胡人骑马护卫武士俑，与左侧9号车的胡人骑马护卫俑的形态相同。该车与8号车、9号车为坐乘的方式不同、从驭手站立驾车的方式看车主应为在车舆中站立乘车，应为安车中属于立乘车的车类。

二 双辕车

俑坑内仅11号车为双辕车，驾一马。

11号车

车舆结构与独辕车相同，后部也为开放式箱式结构。但车辕为2根，车衡也较短，车衡中间只有1件车轭。2根车辕左右平行在车舆底部，车辕中间为主驾服马，右侧还有1骖马。车舆保存完好，左侧应是车主乘坐的位置，车舆内右侧有1名端坐的驭手，双手位于前车板上，握拳中空，呈手握缰绳的驾车状。

这类双辕车一般驾1马，或为文献记载的轺车。轺车，轻车也，《史记·季布列传》索隐：

图一一○ 8号车复原图

0 ————— 36厘米

肆 陶模型器

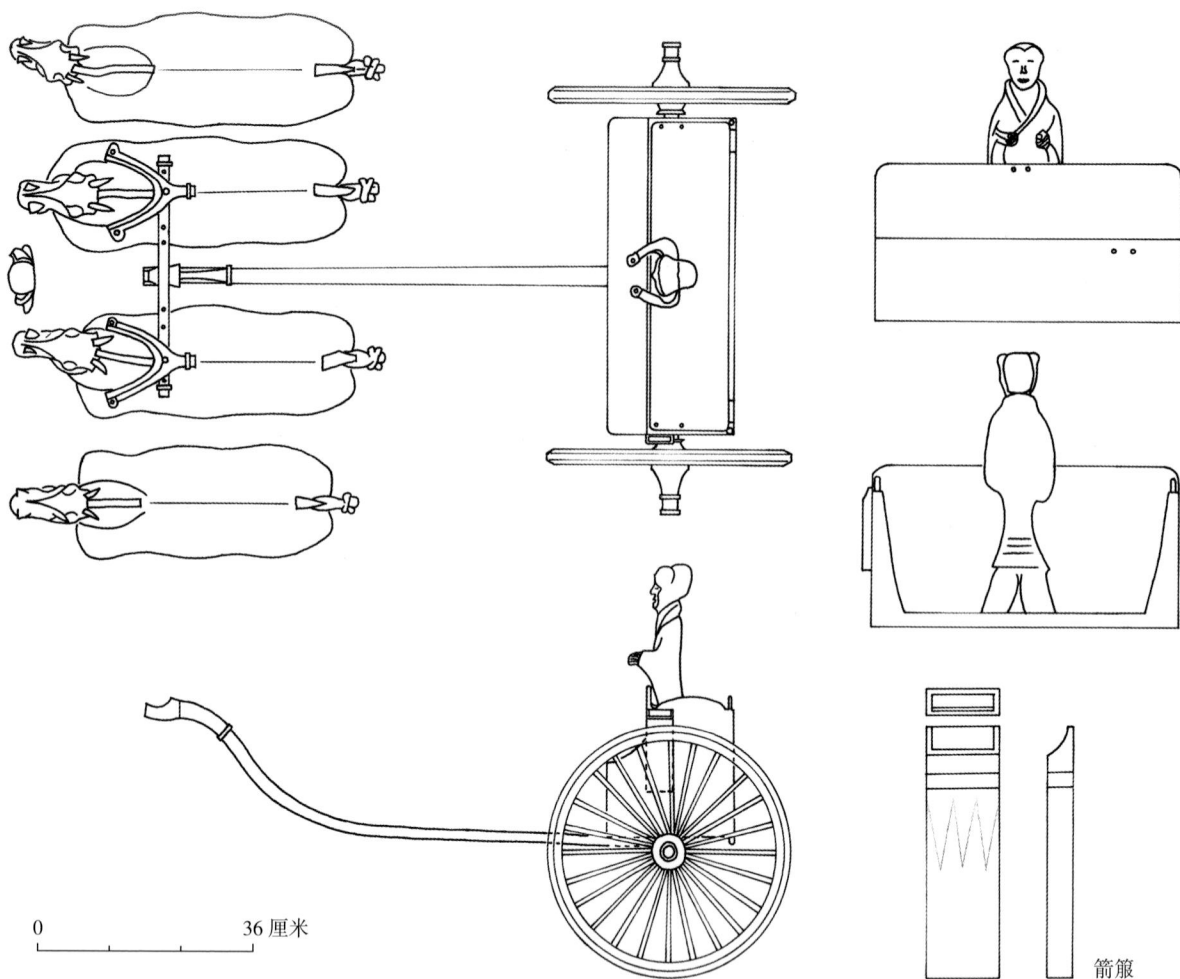

图一一一　10 号车复原图

"谓轻车，一马车也。"也即轻便之车，从汉画像石内容看，多驾 1 马，也或 2 马。

三　牛车

2 辆，位于前院大门内侧，发掘清理时车箱板及车轮相互叠压在一起，驾车之牛呈卧状，形态相同，形象逼真。卧牛之前各有 1 名牵牛俑，呈跪坐状，双手各在牛鼻两侧下部（图一一三）。从复原的情况看，2 辆牛车拆散放置时车的部件不全。仅有车衡、侧箱板、车轴、车毂、轮牙，未见车辕、箱底板、辐条等车的必需构件。

6 号车

车箱，仅有两侧板，形制相同，两端向内弧，略呈弧形。箱板中间高，两侧变低平，两端上部外凸。通长 33.0、宽 30.0、中间高 13.8、两端高 7.2、厚 0.9 厘米（图一一四，1、2；彩版一五一）。车衡较短，呈中间粗两端细的圆柱状，两端有刻划的衡末饰。衡长 23.6、中间径 2.8、两端径 1.8 厘米（图一一四，3；彩版一五二）。车轴基本呈两端略细的长圆柱状，长 30.8 厘米，中间略粗，径 3.6 厘米，两端贯装车轮处变细，外端径 2.4 厘米（图一一四，4；彩

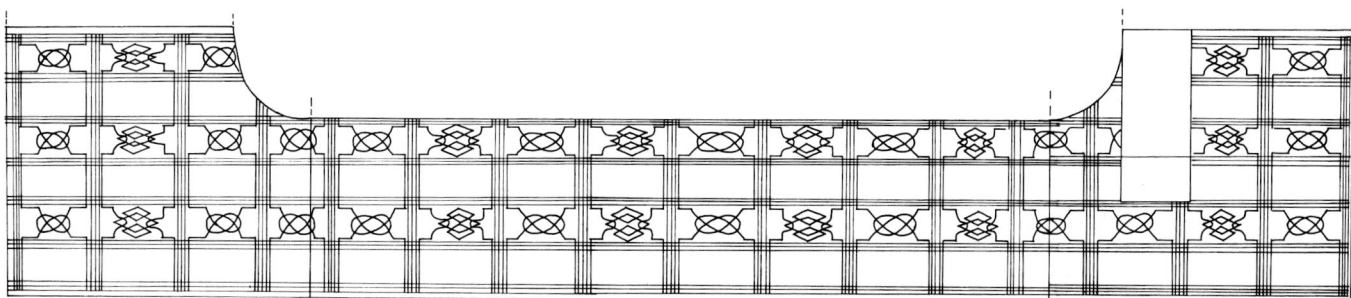

0   45 厘米

图一一二　10 号车厢内饰图案

0   36 厘米

图一一三　牛车

版一五三）。车轮外径 36.2 厘米，轮牙近似方形，高 2.8、厚 3.0 厘米（图一一四，5；彩版一五四）。轮毂近似中间空腹的扁鼓形，长 5.8 厘米，中间粗，外径 6.8、腔内径 3.2 厘米。轮毂中间有装辐条股端的凿孔 13 个，但未见辐条（图一一四，6）。牛车大体可复原（见图一八）。

　　7 号车位于 6 号车右侧，结构相同。

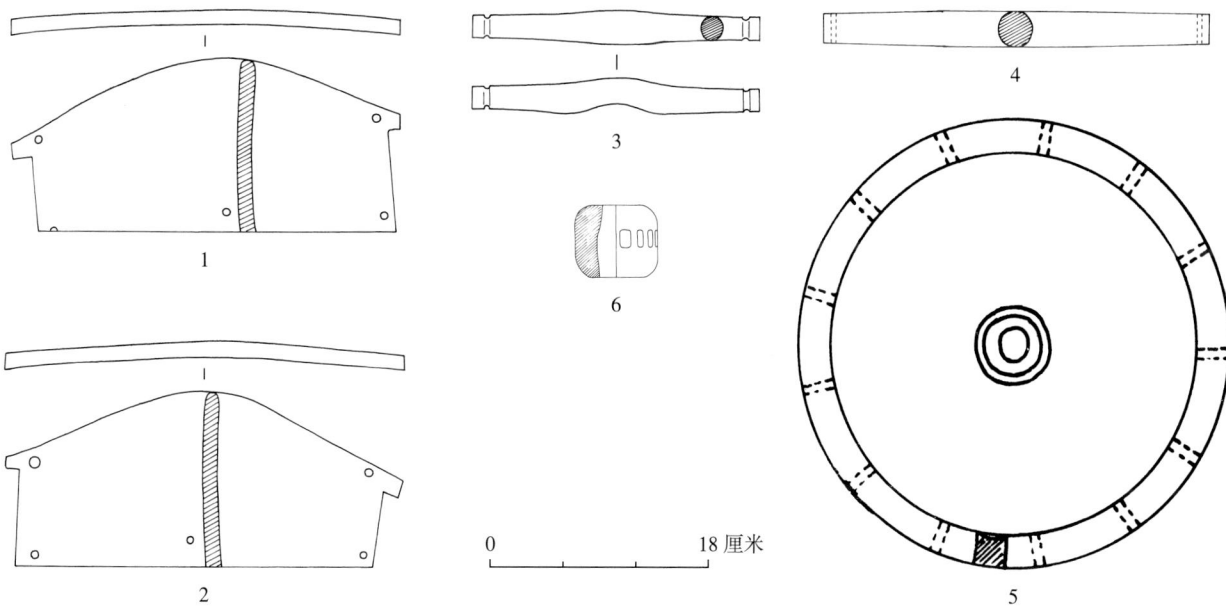

0   18 厘米

图一一四　牛车构件（YK：6）

1、2. 牛车箱板　3. 车衡　4. 车轴　5. 车毂　6. 轮牙

083

肆　陶模型器

第三节 兵器类

山王村兵马俑坑内的兵士俑应持有兵器，但在发掘中仅见士卒俑所持有陶盾牌，未见其他类兵器。

盾牌大部分保存完整，应为模制，制作规整，棱角对称，造型上缘呈圆弧形，下部近似方形，中间有齿形外缘装饰。上缘中间有高出盾面的盾鼻，盾面中间有凸竖棱为盾瓦，盾内侧中间有环状抓手。根据盾面装饰可分为彩绘和素面两种，素面多于彩绘。彩绘盾牌多用朱彩绘出上下呈三角形图案，中间有隔带，盾面周边用朱彩绘色。另有一种盾面只平涂朱彩无图案装饰。素面盾与彩绘盾的造型结构完全相同。

标本 YK：140-1，泥质，模制，彩绘图案基本清晰。盾面上圆下方，中间有明显盾瓦，盾内侧有环形抓手，盾面用朱绘上下相对三角形图案，中间有白彩隔带，隔带内有横向斜三角勾

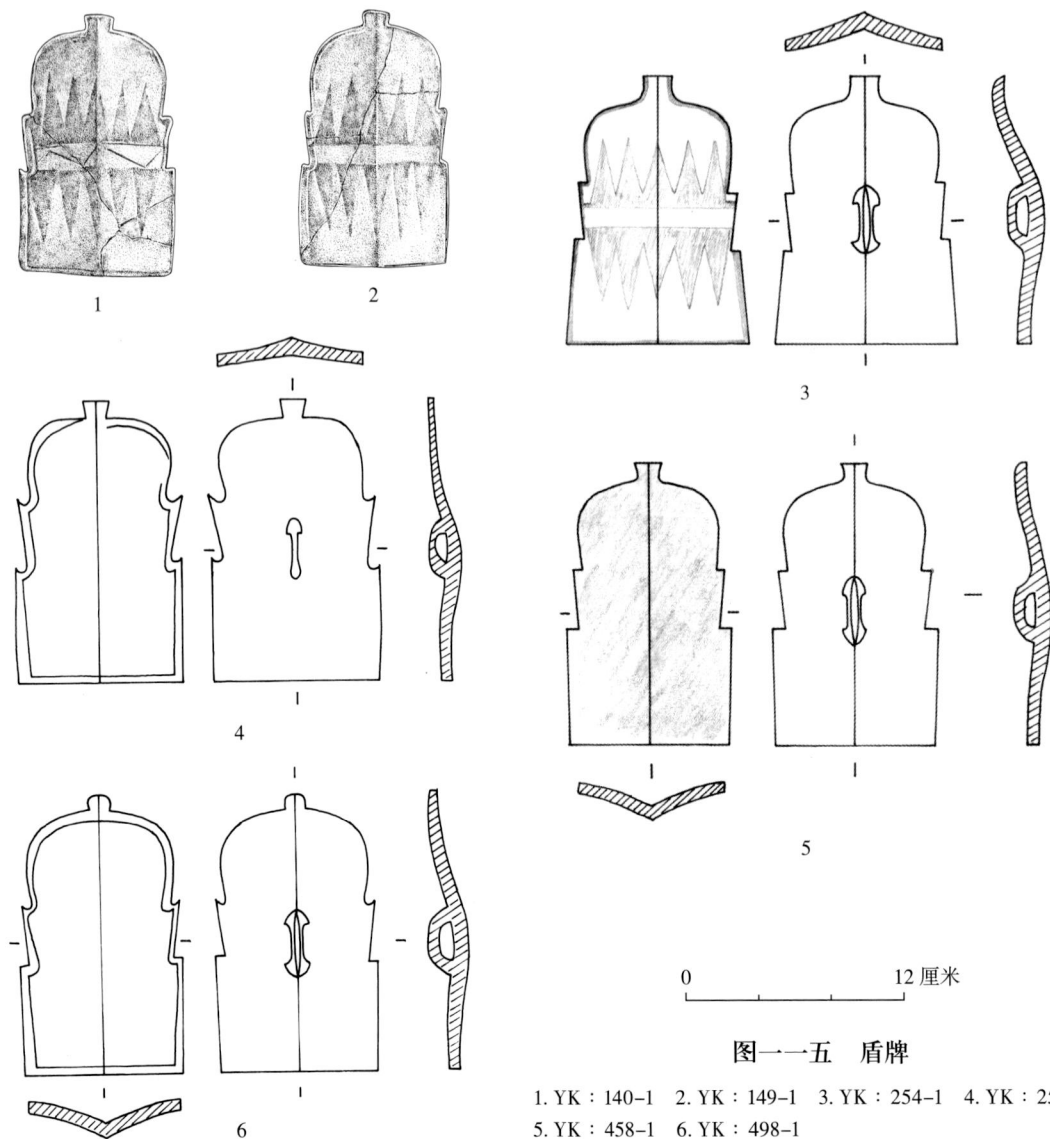

0   12 厘米

图一一五　盾牌

1. YK：140-1　2. YK：149-1　3. YK：254-1　4. YK：256-1
5. YK：458-1　6. YK：498-1

勒朱彩。高 14.0、宽 8.5 厘米（图一一五，1）。

标本 YK：149-1，泥质，模制，保存完整，盾面上缘为圆形，中外缘为齿状装饰，下为方形。盾面中间有盾瓦，内侧中间有抓手，盾面彩绘稍微不同，上下相对三角形图案中间仅有素面隔带，造型构造相同。高 14.0、宽 8.5 厘米（图一一五，2）。

标本 YK：254-1，泥质，模制，棱角分明，造型相同，平面中间有盾瓦，内侧有环形抓手，中间有竖向整齐模具压线，盾牌彩绘尚存少许，现已脱落不清。高 14.0、宽 10 厘米（图一一五，3）。

标本 YK：256-1，泥质，模制，制作精细，造型相同，左右对称，盾面有明显的盾瓦，内有环形抓手，保存基本完好。高 14.8、宽 8.8 厘米（图一一五，4）。

标本 YK：458-1，泥质，模制，制作精美细致，结构相同。盾面中间有竖向盾瓦，两侧微内凹，盾内侧有抓手，中有整齐模压竖线，平面应有彩绘，现脱落严重仅露原色。模糊可辨平涂朱彩而已，未有彩绘图案。高 15.0、宽 8.8 厘米（图一一五，5）。

标本 YK：498-1，泥质，模制而成，盾面对称完整，棱角明显，素面。上圆下方，中为齿状外缘，盾牌平面中间凸有竖棱盾瓦，盾面四周有凸形饰条，盾内侧有环状抓手，中间有明显模具压线。高 15.0、宽 9.0 厘米（图一一五，6）。

第四节　其他器物

俑坑内还出土较多的各类生活器具、乐器以及棋盘等，各类器物陶模型，种类丰富，极具生活气息。

一　庖厨用具

发现在厨房内主要器形有灶台、方桌、案及等。

1. 灶台
1 件。

标本 YK：60-15，器身为泥质，手制。长方形，灶面双火眼，一大一小，灶口高于灶面，空心腹，前缘边呈阶梯状，两侧前伸，中间应为灶门，灶整体为实心，底部阴刻圆形凹槽，表示圈底，器身施白彩，通长 13.1、宽 6.9、通高 5.7 厘米，台面高 4.0 厘米（图一一六，1）。

2. 方案
2 件。

标本 YK：60-8，泥质，手制，长方形，敞口，浅盘，口大底小，外壁微内凹，左右两侧各有一孔，沿下有明显手捏痕迹，平底偏内侧有四个长方形平足。平面施白彩，已脱落不清，长 12.6、宽 8.2、厚 3.1 厘米（图一一六，2）。

标本 YK：60-9，形状基本同上，长 13.4、宽 8.9、厚 2.7 厘米。

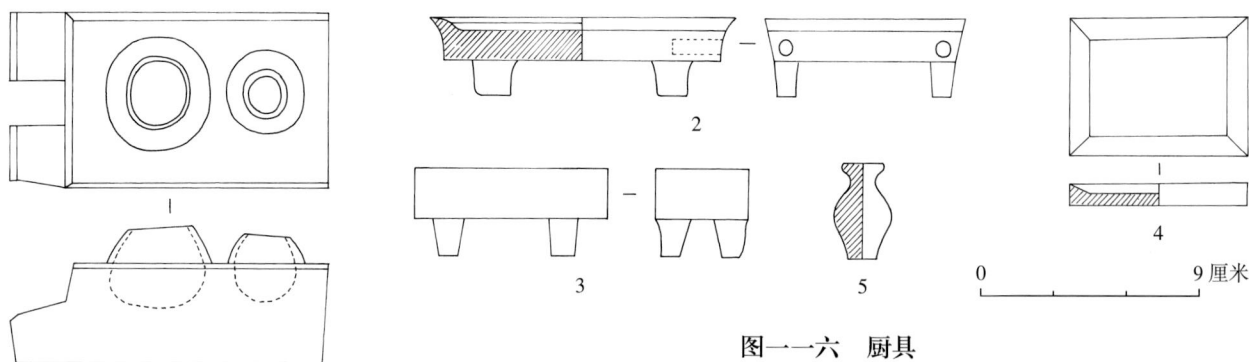

图一一六　厨具

1. 灶台 YK：60-15　2. 方案 YK：60-8　3. 案桌 YK：60-22　4. 案盘 YK：60-19　5. 汲水器 YK：60-14

3. 案桌

2件。

标本 YK：60-21，泥质，手制，制作粗糙，长方形，平面实心，底部偏内有手捏四个矮柱状平足。平面及侧面施有白色彩绘。长 8.0、宽 3.5、厚 2.0、高 3.5 厘米。

标本 YK：60-22，形状基本同上。长 7.8、宽 3.7、厚 2.0、高 3.5 厘米（图一一六，3）。

4. 案盘

1件。

标本 YK：60-19，泥质，手制，长方形，敞口，浅腹，平底，内施朱彩，一侧用白、黑色勾勒"×"重叠图形。长 7.2、宽 5.2、厚 0.9 厘米（图一一六，4）。

5. 汲水器

2件。

标本 YK：60-14，泥质，实心，敞口，束颈，鼓腹，平底。高 3.8、口径 1.75 厘米（图一一六，5）。

二　餐饮具

主要发现于厨房、戏楼、寝房内，器形有鼎、钫、壶、罐、盆、盘、杯、耳杯等生活用品。

1. 鼎

1件。

标本 YK：60-11，泥质，手制，制作粗糙。平口内敛，两侧附双耳，耳中间有孔并外撇，深圆腹，平底，底部有三蹄形足，蹄足笨矮，无盖。高 4.2、口径 2.6 厘米（图一一七，1）。

2. 钫

1件。

临淄山王村汉代兵马俑

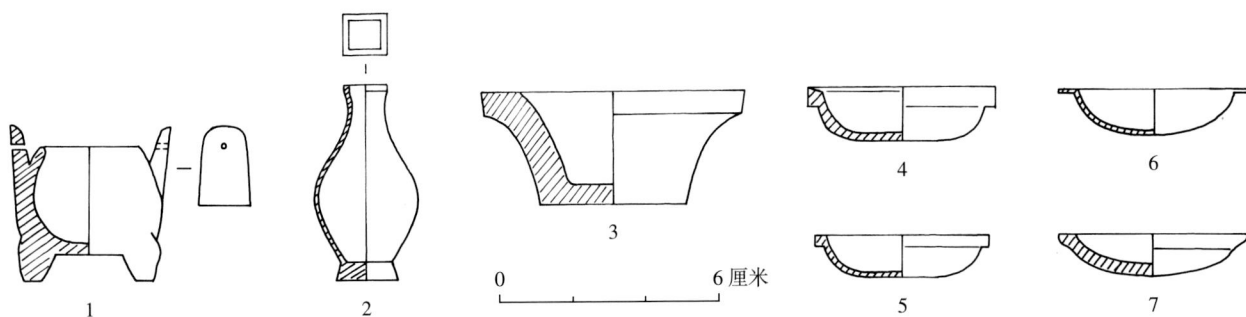

图一一七 餐饮具

1. 鼎 YK：60-11　2. 钫 YK：54-11　3~5. 盆 YK：60-16、12、17　6. 圆盘 YK：57-8　7. 圆盘 YK：54-20~22（3件）

标本 YK：54-11，泥质。方口，平沿，束颈，鼓腹，腹四边棱角分明，下附方形圈足。壶体施白彩。高 10.4、口径 2.2、腹最大径 5.6、底径 3.6 厘米（图一一七，2）。

3. 盆

3 件。

标本 YK：60-16，深腹盆。泥质，手制，制作粗糙，沿处有手捏痕迹。侈口，平沿，方唇，斜腹，外壁微内凹，平底。高 3.0、直径 7.2 厘米（图一一七，3）。

标本 YK：60-12，浅腹盆。泥质，手制，制作粗糙。敞口，方唇，沿处有明显手捏痕迹，圆腹弧收形成小平底。内施朱彩。高 1.5、直径 5.2 厘米（图一一七，4）。

标本 YK：60-17，浅腹盆。基本同上，器形略小少许。高 1.0、直径 4.6 厘米（图一一七，5）。

4. 圆盘

7 件。

标本 YK：57-8，泥质，手制，制作粗糙。敞口，宽沿，浅腹，圜底。高 1.3、直径 5.2 厘米（图一一七，6）。

标本 YK：54-20~22（共 3 件）。泥质，手制，制作粗糙。敞口，平沿，沿处有明显手捏痕迹，圆腹弧收形成圜底。高 1.1、口径 5.5 厘米（图一一七，7）。

5. 匜

1 件。

标本 YK：55-12，泥质。平面为梯形，敞口，方沿，方平底，流根部大，流口小，流底成倒梯形状。外素面，内施朱色彩绘。宽 3.6、长 4.8 厘米（图一一八，1）。

6. 耳杯

25 件。分别在 60 号庖厨、54 号楼和 57 号寝房内。

标本 YK：54-13~19（共 7 件），泥质，手制，椭圆形。月牙耳，圆唇，平底。杯内施朱彩，外素面。高 1.25、长 4.6 厘米（图一一八，2）。

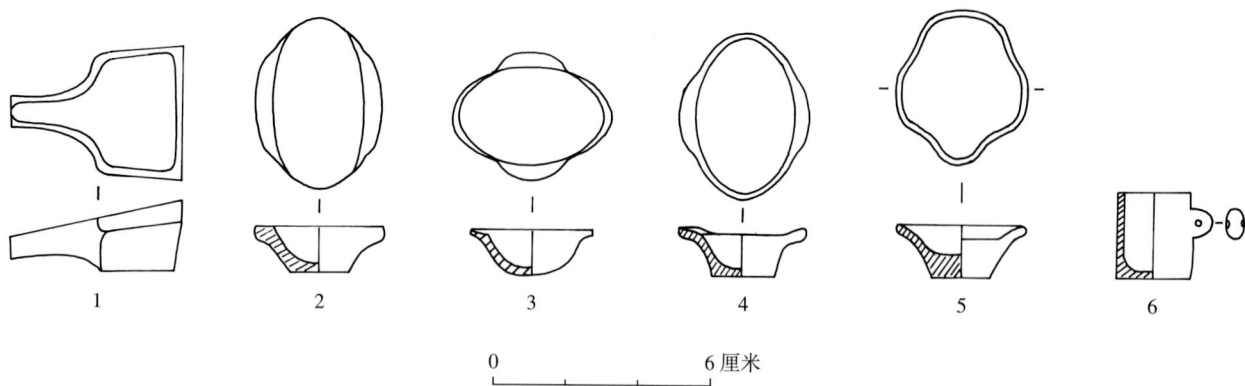

图一一八　餐饮具

1. 匜 YK：55-12　　2. 耳杯 YK：54-13~19　　3. 耳杯 YK：57-9　　4. 耳杯 YK：60-13　　5. 杯 YK：54-28　　6. 杯 YK：54-23

标本 YK：57-9，泥质，手制，椭圆形。月牙耳，圆唇，小圜底。内施朱彩，外素面。高 1.25、长径 4.4、短径 3.4 厘米（图一一八，3）。

标本 YK：60-13（共 17 件）。形制相同，泥质，平面呈椭圆形，半月形双耳，内圆外方，小平底，内涂朱彩，外素面。高 1.3、长径 4.5、短径 3.5 厘米（图一一八，4）

7. 杯

2 件。

标本 YK：54-23，泥质，手制，圆筒形。平口，直腹，平底，一侧捏塑小把手，中间有贯穿小眼，杯体有上下刮削加工痕迹。杯内施朱彩，高 2.3、直径 2.0 厘米（图一一八，6）。

标本 YK：54-28，泥质，手制，十字花瓣形。敞口，圆唇，浅腹，厚平底，原施彩绘已脱落不清。高 1.4、直径 3.6 厘米（图一一八，5）。

三　乐器类

共 8 件。有琴、鼓、铃等。

1. 琴

3 件。分别出自 54 号戏楼顶部及 55 号楼、57 号楼内侍女娱乐场景之中。因琴在古代娱乐时为主要的乐器之一，所以它们在出现的场景中造型设计各有特点，精美典雅。山王俑坑出土的琴虽然是泥质手工制作，但平面上用不同的色彩勾勒描绘，又采用浮雕的手法更加生动的表现琴的构造特征，使每部琴都有着自己独特的美感。

标本 YK：54-12，泥质，手制。长方形，平面上左侧有竖式三个凸圆形饰，长 11.4、宽 3.7~3.9、厚 2.1 厘米（图一一九，1）。

标本 YK：55-27，泥质，手制。长方形，上侧圆卷内勾两边形成半月形，平面有均匀"田"字形凸长条，纵三横四内形成长方形小凹槽，应表示琴面构造。左右为两斜边，平底。

临淄山王村汉代兵马俑

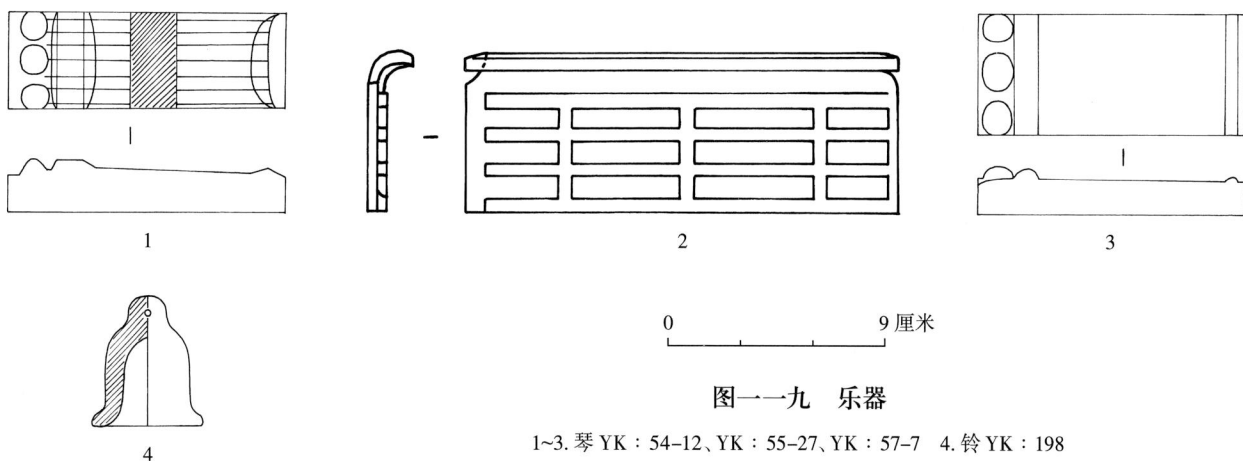

图一一九　乐器

1~3. 琴 YK：54–12、YK：55–27、YK：57–7　4. 铃 YK：198

长 17.8、宽 6.3、厚 0.8 厘米（图一一九，2）。

标本 YK：57–7，泥质，长方形，平面左侧并排两种浮塑，外为竖排三个凸圆形饰、内为竖凸宽条，右侧为竖式凸宽条，条与面形成梯形贯穿上下，应表示琴的构造，宽条中间用朱彩勾琴弦，已脱落模糊，长 11、宽 4.7、厚 2.0 厘米（图一一九，3）。

2. 铃

1 件。

标本 YK：198，泥质，手制，制作粗糙，外缘有明显手捏痕迹。顶部有宽纽，中间有一贯穿孔，纽与器身为一体，弧下形成圆形口，内壁空心并涂朱彩，外壁素面。高 5.2、底径 4.6 厘米（图一一九，4）。

3. 鼓

4 件。根据形状及色彩可分为建鼓、小鼓两种。

建鼓

1 套，由鼓及鼓座组成。

标本 YK：191、197，出自踞坐俑方阵中。鼓为椭圆形，泥质实心，身为一体并有两组对称小眼，鼓腹，鼓身上部有带弦纹方形台，下部有半球状凸面，面中间有一孔，通长 15.36、外径 9.6、中间最大径 16.32 厘米。下部有方形实心台座，台座中为半球凸面同上有对称孔。鼓身、底座凸面均施朱彩，底座边长 12.0、通高 8.0、器高 6.0 厘米。鼓身侧孔与底坐中间孔相对，两者之间应有支架，出土时已朽失。通高 34.3、宽 15.4 厘米（图一二〇，1；彩版一五五）。

小鼓

3 件。

标本 YK：54–9，泥质实心，手制，半球形，平底，体施朱彩，顶部绘朱彩长方形，四角勾下垂墨线至底部，高 2.6、直径 3.8 厘米（图一二〇，2）。

标本 YK：54–24、25，2 件，泥质实心，手制，半球形，平底，体施朱彩，形制同上，只是彩绘有所差异。

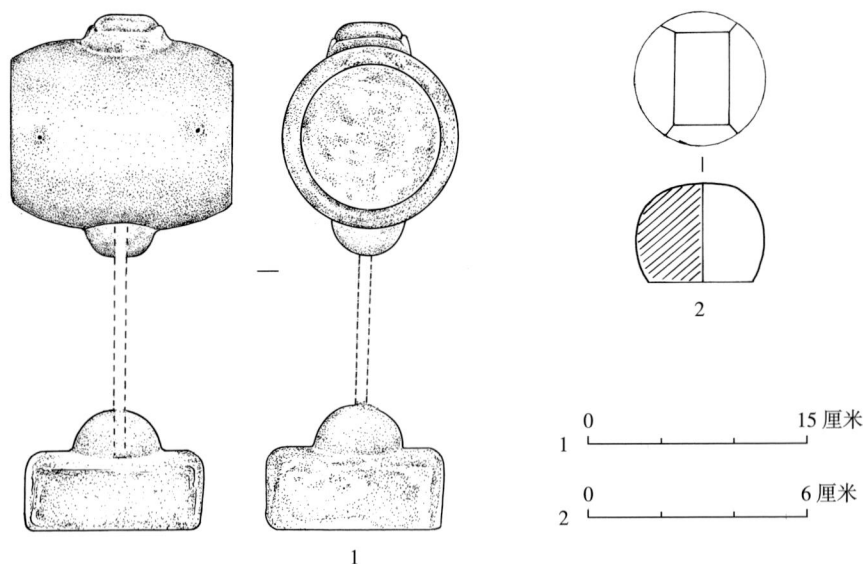

图一二〇 乐器

1.鼓 YK：191 2.小鼓 YK：54-9

四 其他杂项

1．棋盘

2件。分别出自54号戏楼55号殿堂和55号寝房内。

标本 YK：54-26，正方形，泥质实心，手制，平面，平底，素面。高4.7、边长4.7厘米（图一二一，1）。

标本 YK：55-11，正方形，泥质实心，平面，面上有沿边用墨勾框线，线边勾有对称小正方形，中心有一正方形图案。底部有四个曲尺形足，长5.0、宽5.0、厚1.05厘米（图一二一，2）。

2．圆滑轮

1件。与井上木架构配合从井中打水使用。

标本 YK：60-14，泥质，圆形，器身中间有一周凹槽，中间有圆孔为穿轴所用。直径3.0、厚1.4、中间孔径0.3厘米（图一二一，3）。

3．器座

3件。均出自54楼内。

标本 YK：54-192，1件，泥质，手制，器身呈三角形，中空，顶部有一小孔与空腔相通，内有手捏痕迹，上厚下薄，体施白（衣）彩上用朱色绘均等竖线条。底径7.4、高4.5、厚1.0、孔径0.4厘米（图一二一，4）。

标本 YK：54-193、194，2件，泥质，锥形圆形体器身，内壁上厚下薄，中空，顶部有贯穿小孔，表面白衣上描绘墨、朱双色成组的竖线条，原色彩保存尚佳。底径3.7、高5.6、孔径0.2

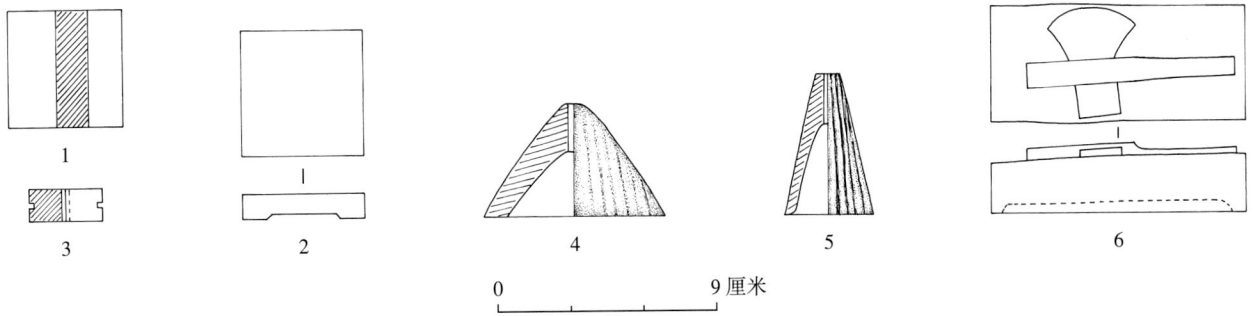

图一二一　杂项类

1、2. 棋盘 YK：54-26、YK：55-11　3. 圆滑轮 YK：60-14　4、5. 器座 YK：54-192~194　6. 形具 YK：196

厘米（图一二一，5）。

4．刑具

1件。出土于踞坐俑的方阵中，在其附近伴有的遗物、遗迹而判断应为刑具。

标本 YK：196，泥质。长方形，厚壁，平底，平面上有带柄斧头阳刻浮雕造型，左右方向，底部内凹。其作用或作为刑具使用。原施彩绘，现已脱落不清。长 10.4、宽 4.8、高 2.4 厘米。由于其位于踞坐俑方阵中，旁侧有断为两截类似腰斩的陶俑，可能为行刑的用具（图一二一，6）。

伍 结语

一 俑坑性质

临淄山王村兵马俑坑共出土陶楼房、车马、陶俑以及各类器物 516 件（套），属于西汉时期规模比较大的 1 座兵马俑坑，从俑坑的形制及规模看应是大型墓葬的陪葬坑。该坑东侧为厂房，南侧与胶济铁路之间也有建筑物，北侧紧靠原 309 国道，俑坑四周或为道路或为建筑物，未能勘探到主墓室。据当地年龄比较大的村民回忆，在这一带原来有高出地面 4 米左右的土堆，大约在 20 世纪六、七十年代，因修建加宽胶济铁路取土时被夷为平地。这从 1938 年侵华日军空军拍摄的航片中可以得到证实，俑坑南侧不远处即为胶济铁路，铁路北侧有 1 座圆形土堆，大概是墓葬的封土，《中国临淄文物考古遥感影像图集》将照片中的土堆编号为临淄墓群 38-282 号[1]，两者相距在百米之内，山王俑坑或是该墓的陪葬坑。

二 俑坑年代

关于俑坑的年代可从陶俑及模型明器等整体组合以及器物特征考察。首先俑坑内发现的骑兵俑具有明显的时代特征，从目前出土汉代骑兵俑的资料看，骑兵俑在西汉前期比较兴盛，中期以后逐渐消失；山王村俑坑出土的骑兵俑头戴垂肩风帽盔，属于骑兵俑比较晚出的形态，明显晚于咸阳杨家湾[2]、徐州狮子山出土的骑兵俑[3]，但踞坐卒俑与徐州狮子山踞坐俑比较近似，山王村踞坐俑头戴垂肩风帽盔，狮子山也出现头戴垂肩风帽盔踞坐俑，两者的形态极为相近。山王村俑坑内还放置陶阙楼、大门、戏楼、寝室、粮仓等大量模型明器，这类明器在汉代墓葬中出现的比较晚，多见于西汉中晚期[4]。从上述特征看，山王俑坑的年代要晚于咸阳杨家湾、徐州狮子山陶俑的年代，上限不早于西汉中期，下限不晚于西汉晚期。

[1] 山东省文物考古研究所：《中国临淄文物考古遥感影像图集》，山东省地图出版社，2000 年。

[2] 陕西省文物管理委员会、咸阳市博物馆：《陕西省咸阳市杨家湾出土大批西汉彩绘陶俑》，《文物》1966 年第 3 期。陕西省文管会等：《咸阳杨家湾汉墓发掘简报》，《文物》1977 年第 10 期。

[3] 徐州博物馆：《徐州狮子山第一次发掘简报》，《文物》1986 年第 12 期。

[4] 武玮：《黄河中下游地区汉至西晋模型明器研究》，郑州大学博士论文，2012 年。

临淄山王村汉代兵马俑

三　墓主身份

有关陪葬俑坑墓主的身份，可从俑坑规模、陶俑的种类以及墓葬的地理位置来考察。俑坑内从陶阙楼、门厅、戏楼、殿堂、寝房、粮仓、庖厨等各类建筑，到陶车马、骑士、武士、仆人、动物、家禽等各种俑类，均制作精良，门类齐全。坑内布局也具有一定规划，前有骑兵、战车组成的行军方阵，中间为大型步卒俑构成的护卫方阵，后院布置殿堂、楼阁、戏楼、粮仓、猪圈以及陶羊、陶猪、陶鸭等生活院落场景，并有达官显贵乘坐华丽车马出行场面。类似这种内涵丰富的汉代兵马俑坑极为少见，而且在俑坑四周排列一周手持盾牌面向坑壁的步卒护卫俑，使得这座前有阙楼三进庭院的大型府邸更显得壁垒森严。

山王村俑坑地处汉代齐国都城临淄附近，俑坑整体布局反映的是墓主人生前大型府邸的缩影。其陶阙为楼阁式二出阙，随葬的车马达 11 辆之多，而且又有车骑与步卒军阵，因此，其主人具有较高的身份地位，应为齐国王侯、齐郡郡守或二千石以上的达官显贵才能享用。

据《史记》《汉书》记载，西汉时期先后有七位齐王封于临淄，分别为悼惠王刘肥、哀王刘襄、文王刘则、孝王刘将闾、懿王刘涛、厉王刘次昌、怀王刘闳。

悼惠王刘肥为高祖庶长子，首封于齐。高祖六年（公元前 201 年）以胶东、胶西、临淄、济北、博阳、城阳郡七十三县立子刘肥为齐王，都临淄。悼惠王刘肥立十三年薨；惠帝七年哀王襄嗣，十三年薨；文帝二年文王则嗣，十四年薨，亡后。文帝十六年封悼惠王子将闾为齐王，十一年薨；景帝四年懿王涛嗣，二十三年薨；元光四年厉王次昌嗣，五年薨，亡后。最后一位齐王怀王刘闳为武帝之子，封于汉武帝元狩六年（公元前 117 年），卒于元封元年（公元前 110 年）。悼惠王刘肥、齐哀王刘襄、文王刘则、孝王刘将闾、懿王刘涛、厉王刘次昌在位均在西汉早期，与属于西汉中期的山王俑坑时代不符，应无涉。怀王刘闳为武帝之子，《史记》：（武帝）"子宏王齐，年少，无有子，立，不幸早死，国绝，为郡。"从时间看，只有刘闳封于武帝时期，并卒于武帝元丰元年，时在西汉中期与俑坑的年代比较接近。

目前发现的西汉时期大型兵马俑坑除临淄山王外有咸阳杨家湾[1]、汉阳陵[2]、徐州狮子山[3]、济南危山[4]、青州香山等[5]。汉阳陵为景帝陵园，杨家湾为高祖长陵的重臣陪葬区，狮子山为汉楚国王陵，济南危山汉墓或为汉济南国王陵[6]，从性质看，大型兵马俑坑多为西汉帝王或王朝重臣、诸侯王陪葬坑，而且使用车骑军阵与步卒军阵送葬，通常只有帝王、立有战功重臣或诸侯王享用。临淄山王俑坑随葬众多骑兵俑、步卒俑，特别是随葬陶车达 11 辆车之多，可见墓主的地位甚高，而刘闳作为武帝之子，又卒于武帝时期，当然可以享有高规格的葬礼，山王村兵马俑坑有可能为武帝之子怀王刘闳的陪葬坑。

［1］陕西省文管会等：《咸阳杨家湾汉墓发掘简报》，《文物》1977 年第 10 期。
［2］陕西省考古研究所汉陵考古队：《汉景帝阳陵南区丛葬坑发掘第一号简报》，《文物》1992 年第 4 期。陕西省考古研究所汉陵考古队：《汉景帝阳陵南区丛葬坑发掘第一号简报》，《文物》1994 年第 6 期。
［3］徐州博物馆：《徐州狮子山第一次发掘简报》，《文物》1986 年第 12 期。
［4］王守功、崔圣宽：《章丘市危山汉代陪葬坑》，《中国考古学年鉴·2002》，文物出版社，2003 年。
［5］崔圣宽、郝导华：《青州市香山汉墓陪葬坑》，《中国考古学年鉴·2007》，文物出版社，2008 年。
［6］王守功：《危山汉墓》，《文物天地》2004 年第 2 期。

文献记载刘闳年少立为齐王，不幸早逝，无嗣，国绝，之后西汉时期齐国不存，只设齐郡。临淄在怀王之后仍为齐郡治所，武帝元封五年（公元前 106 年）并在临淄设青州刺史部，因此，俑坑如非齐怀王所属，也不排除作为齐郡郡守、青州刺史或二千石以上的达官显贵大墓的陪葬坑的可能性。对山王村俑坑性质的最终确认有待于今后对主墓与周边陪葬遗迹的全面考查。

彩版一　步兵指挥俑 YK：93

高 42.5、宽 12.0 厘米。

临淄山王村汉代兵马俑

彩版二 步兵指挥俑 YK：156

高 41.5、宽 12.5 厘米。

彩版三　步兵指挥俑 YK：302

高 41.5、宽 12.5 厘米。

临淄山王村汉代兵马俑

彩版四　立卒俑

201 件。

彩版五　立卒俑 YK：103

高 30.9、宽 9.2 厘米。

彩版六　立卒俑 YK：106

高 29.5、宽 7.0 厘米。

临淄山王村汉代兵马俑

彩版七　立卒俑 YK：136

高 31.05、宽 9.0 厘米。

彩版八　立卒俑 YK：295

高 29.8、宽 8.6 厘米。

彩版九　立卒俑 YK：125

高 30.0、宽 8.6 厘米。

彩版一〇　立卒俑 YK：259

高 29.8、宽 8.6 厘米。

彩版一一　立卒俑 YK：278

高 29.8、宽 8.6 厘米。

彩版一二　立卒俑 YK：209

高 29.8、宽 8.6 厘米。

临淄山王村汉代兵马俑

彩版一三　立卒俑 YK：270

高 29.8、宽 8.6 厘米。

彩版一四　立卒俑 YK：81

高 30.0、宽 8.6 厘米。

临淄山王村汉代兵马俑

彩版一五　立卒俑 YK：132

高 30.0、宽 8.6 厘米。

彩版一六　立卒俑 YK：127

高 30.0、宽 8.6 厘米。

陆

彩版

117

临淄山王村汉代兵马俑

彩版一七　立卒俑 YK：279

高 29.8、宽 8.6 厘米。

彩版一八　立卒俑 YK：282

高 29.8、宽 8.6 厘米。

彩版一九　踞坐卒俑 YK：144

高 22.5、宽 12.2 厘米。

彩版二〇　踞坐卒俑 YK：150

高 22.0、宽 12.5 厘米。

彩版二一　跽坐卒俑 YK：147

高 22.0、宽 12.0 厘米。

彩版二二　跽坐卒俑 YK：140

高 22.0、宽 12.5 厘米。

彩版二三　跽坐卒俑 YK：148

高 21.5、宽 12.5 厘米。

彩版二四　踞坐卒俑 YK：149

高 22.3、宽 12.0 厘米。

彩版二五　跽坐卒俑 YK：142

高 22.4、宽 12.4 厘米。

彩版二六　踞坐卒俑 YK：187

高 21.5、宽 13.0 厘米。

彩版二七　踞坐卒俑 YK：141

高 21.6、宽 12.0 厘米。

彩版二八　踞坐卒俑 YK：186

残高 21.2、宽 10.5 厘米。

彩版二九　骑兵俑 YK：16

高 38.7、宽 22.4、上身高 20.5 厘米。

　139

陆

彩版

彩版三〇　骑兵俑 YK：19

高 38.7、宽 22.4、上身高 20.5 厘米。

彩版三一　骑兵俑 YK：35

通高 65.7、宽 60.2 厘米。

陆　彩版

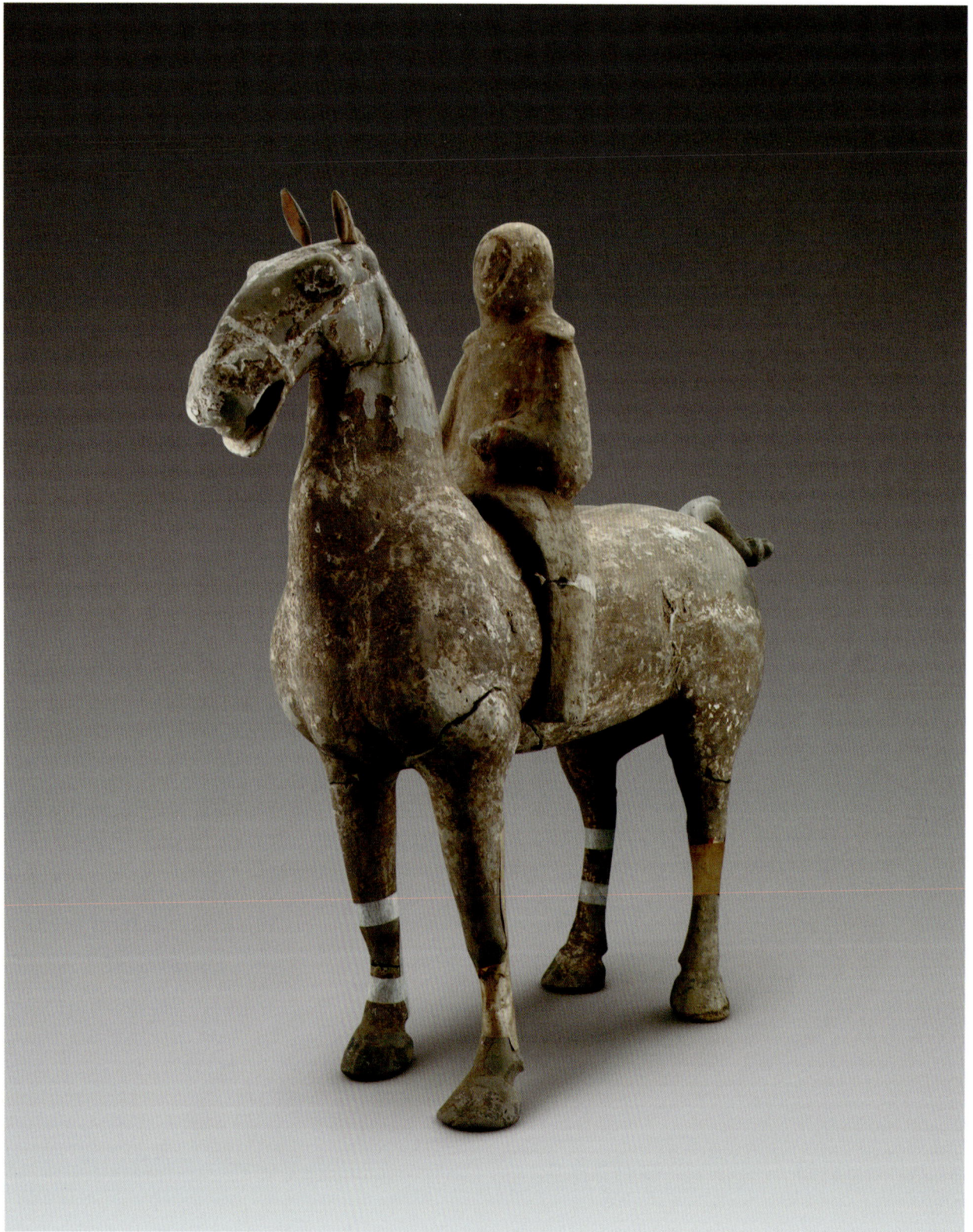

彩版三二　骑兵俑 YK：37

通高 58.0、通长 66.0、俑高 40.0、宽 20.7 厘米。

彩版三三 骑兵俑 YK：43

通高 63.7、通长 61.2 厘米。

陆

彩

版

彩版三四　骑兵俑 YK：66

通高 56.5、通长 67.0 厘米。

陆

彩版

彩版三五　骑兵俑 YK：15

通高 59.7、通长 62.2 厘米。

临淄山王村汉代兵马俑

彩版三六　骑兵俑 YK：14

通高 65.7、通长 62.2 厘米。

彩版三七　骑兵俑 YK：62

通高 62.7、通长 58.2 厘米。

彩版三八　骑兵俑 YK：74

通高 63.7、通长 60.2 厘米。

彩版三九　骑兵俑 YK：73

通高 63.7、通长 61.2 厘米。

临
淄
山
王
村
汉
代
兵
马
俑

彩版四〇　骑兵俑 YK：12

通高 63.7、通长 60.2 厘米。

通高 61.7、通长 62.2 厘米。

彩版四二　骑兵俑 YK∶18

通高 65.7、通长 58.2 厘米。

陆 彩版

彩版四三　骑兵俑 YK：23

高 62.2、通长 65.7 厘米。

彩版四四　骑兵俑 YK：27

通高 65.7、通长 62.2 厘米。

彩版四五　骑兵俑 YK：63

通高 56.5、通长 69.0 厘米。

彩版四六　骑兵俑 YK：64

通高 60.0、通长 65.0 厘米。

彩版四七　骑兵俑 MB383

通高 65.7、通长 60.2 厘米。

彩版四八　车兵指挥俑 YK：车 1—6

高 42.5、宽 14.0 厘米。

临淄山王村汉代兵马俑

彩版四九　车卫俑 YK：车 5-7

高 30.8、宽 9.5 厘米。

彩版五〇　车卫俑 YK：车 5-5

高 31.0、宽 10.0 厘米。

彩版五一　驭车卒俑 YK：车 3-6

高 30.8、宽 4.45 厘米。

彩版五二　驭车卒俑 YK：车 1-7

高 34.0、宽 10.0 厘米。

临淄山王村汉代兵马俑

彩版五三 护卫俑 YK：481

高 30.8、宽 8.7 厘米。

167

陆　彩版

彩版五四　护卫俑 YK：485

高 30.0、宽 9.5 厘米。

彩版五五　官吏俑 YK∶353

高 59.0、宽 16.0 厘米。

彩版五六　官吏俑 YK：353

高 59.0、宽 16.0 厘米。

临淄山王村汉代兵马俑

彩版五七　官吏俑 YK：354

高 59.0、宽 16.0 厘米。

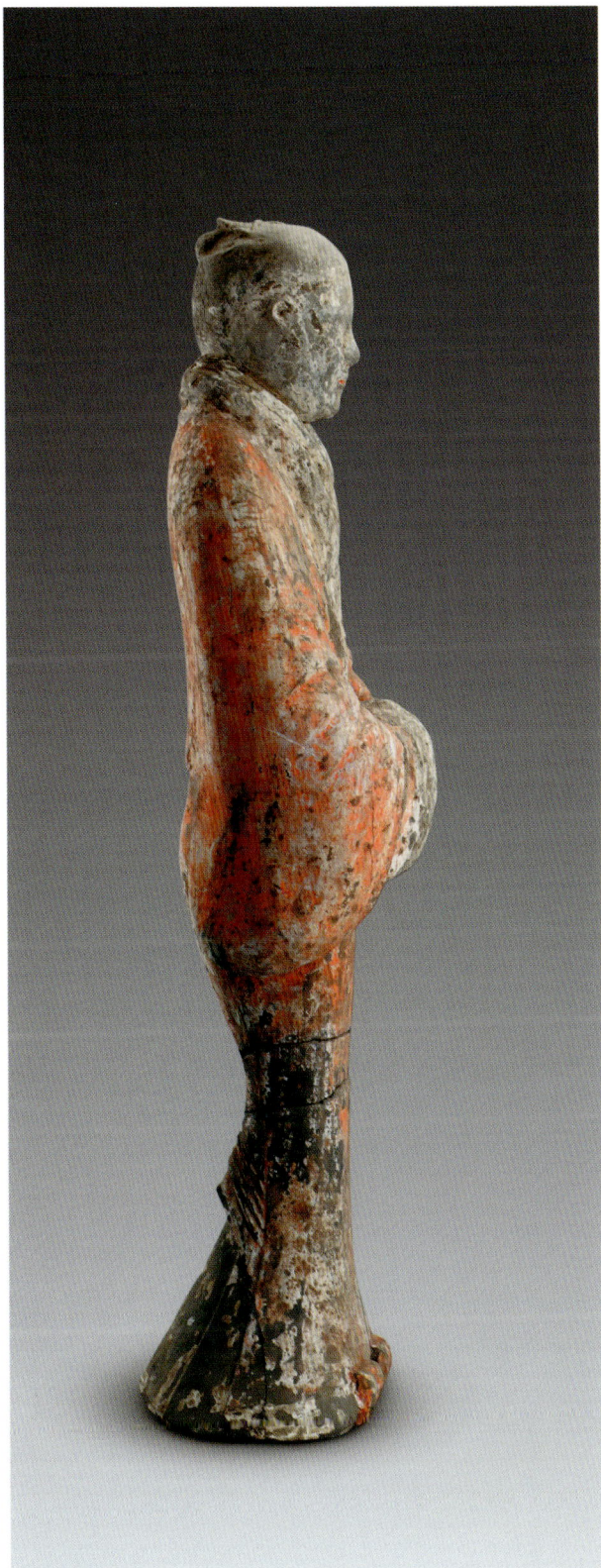

彩版五八　官吏俑 YK：354

高 59.0、宽 16.0 厘米。

彩版五九　官吏俑 YK：355

高 58.5、宽 20.8 厘米。

临
淄
山
王
村
汉
代
兵
马
俑

彩版六〇　官吏俑 YK：355

高 58.5、宽 20.8 厘米。

临淄山王村汉代兵马俑

彩版六一　门吏俑 YK：76

高 42.6、宽 11.0 厘米。

179

陆

彩

版

彩版六二　门吏俑 YK：77

高 42.5、宽 12.0 厘米。

彩版六三　门吏俑 YK：372

高 42.0、宽 12.0 厘米。

彩版六四　门吏俑 YK：370

高 41.5、宽 12.0 厘米。

彩版六五　侍从俑 YK：350

高 34.5、宽 16.0 厘米。

彩版六六　侍从俑 YK：350

高 34.5、宽 16.0 厘米。

彩版六七　侍从俑 YK：351

高 34.0、宽 15.6 厘米。

彩版六八　侍从俑 YK：351

高 34.0、宽 15.6 厘米。

彩版六九　侍从俑 YK：361

高 37.0、宽 19.0 厘米。

临
淄
山
王
村
汉
代
兵
马
俑

彩版七〇　侍从俑 YK：361

高 37.0、宽 19.0 厘米。

彩版七一　侍从俑 YK：362

彩版七二　侍从俑 YK：362

高 34.9、宽 16.4 厘米。

彩版七三　侍从俑 YK：363

高 34.5、宽 15.0 厘米。

彩版七四　侍从俑 YK：363

高 34.5、宽 15.0 厘米。

临淄山王村汉代兵马俑

彩版七五　侍奉俑 YK：54

尺寸不一。

陆

彩

版

彩版七六　侍奉俑 YK：57

尺寸不一。

彩版七七 侍奉俑 YK：57

尺寸不一。

彩版七八　侍奉俑 YK：58-1、2

高 14.0、宽 7.0 厘米。

临淄山王村汉代兵马俑

彩版七九　汉人侍卫俑 YK：364

高 38.0、宽 19.0 厘米。

临淄山王村汉代兵马俑

彩版八〇 胡人侍卫俑 YK：358

高 38.0、宽 19.0 厘米。

彩版八一　胡人侍卫俑 YK：359

高 38.5、宽 23.0 厘米。

均在 54 号戏楼顶部，有歌舞俑、鼓乐俑、观赏俑以及餐饮具、鼓、

临淄山王村汉代兵马俑

彩版八二　歌舞乐俑

均在 54 号戏楼顶部，有歌舞俑、鼓乐俑、观赏俑以及餐饮具、鼓、琴等乐器类，内容为歌舞相伴的饮酒娱乐场景。

彩版八三　庖厨俑

5名。均见于60号庖厨房内，坐立不同器形的，
前后侧，有着不同的分工和姿态。

彩版八四　庖厨俑 YK：60-1

高 19.5、宽 10.0 厘米。

彩版八五　驭车俑 YK：车 8-5

高 27.7、宽 12.9 厘米。

彩版八六　驭车俑 YK：车 10-5

高 42.2、宽 11.6 厘米。

彩版八七　驭车俑 YK：车 11-2

高 27.7、宽 12.5 厘米。

彩版八八　牵马俑 YK：5-8

高 33.9、宽 10.5 厘米。

彩版八九　牵马俑 YK：8-6

高 34.5、宽 11.1 厘米。

彩版九〇　牵牛俑 YK：车 6-1

高 21.7、宽 13.0 厘米。

彩版九一　猪倌 YK：378

高 24.5、宽 10.0 厘米。

彩版九二 猪倌 YK：379

高 26.0、宽 10.6 厘米。

彩版九三　击鼓俑 YK：159

高 27.5、宽 21.5 厘米。

临淄山王村汉代兵马俑

彩版九四　马俑 YK：22

高 63.0、宽 61.0 厘米。

临淄山王村汉代兵马俑

彩版九五 马俑 YK：34

高 52.0、宽 66.0 厘米。

彩版九六 马俑YK：29

高58.0、宽68.0厘米。

彩版九七　马俑 YK：35

高 58.0、宽 66.0 厘米。

临淄山王村汉代兵马俑

彩版九八　马俑YK：车1-4

高57.0、宽68.0厘米。

彩版九九　马俑 YK：24

高 62.2、宽 60.7 厘米。

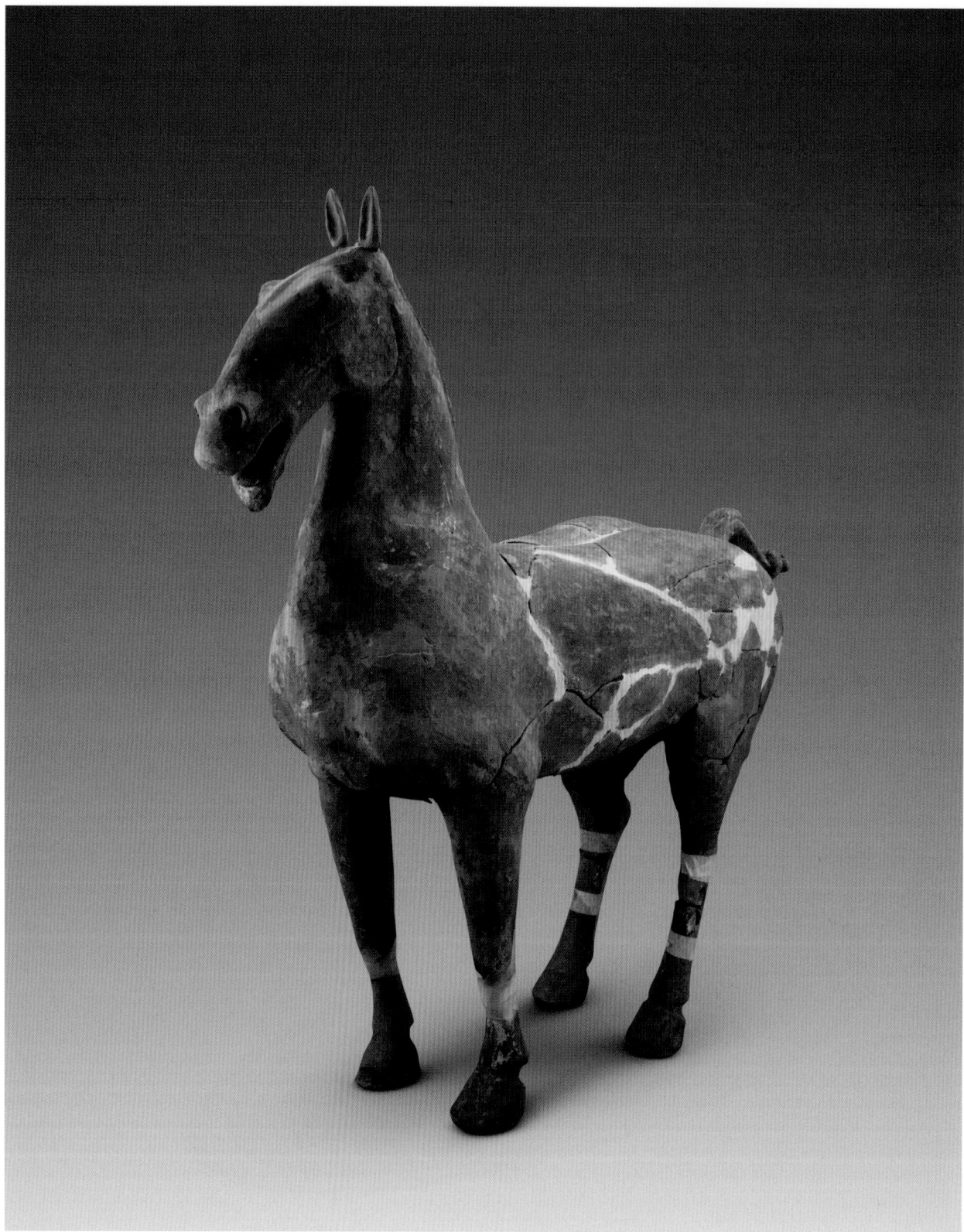

彩版一〇〇　马俑 YK：车 1-1

高 62.7、宽 59.2 厘米。

陆　彩版

彩版一〇一　马俑 YK：车 1-2

高 57.0、宽 68.0 厘米。

彩版一〇二　牛俑 YK：车6-2

高25.6、长49.5厘米。

彩版一○三　羊俑

羊在动物俑中数量最多，排列整齐。均出土于俑坑的东北角生活区域庖厨的东侧，南北向排列 11 排。59 只陶羊形制基本相同，大小接近，为泥质雕塑。

彩版一〇四　羊俑 YK：395

长 17.1、高 13.3 厘米。

彩版一〇五　羊俑 YK：396

长 12.2、高 7.1 厘米。

彩版一〇六　羊俑 YK：399

长 15.8、高 10.0 厘米。

彩版一〇七　羊俑 YK：405

长 12.5、高 7.8 厘米。

彩版一〇八　羊俑 YK：410

长 12.0、高 10.0 厘米。

彩版一〇九　羊俑 YK：411

长 13.0、高 9.8 厘米。

彩版一一〇　羊俑 YK：419

长 10.2、高 6.9 厘米。

彩版一一一　羊俑 YK：416

长 17.5、高 12.3 厘米。

彩版一一二　羊俑 YK：392

长 15.0、高 11.0 厘米。

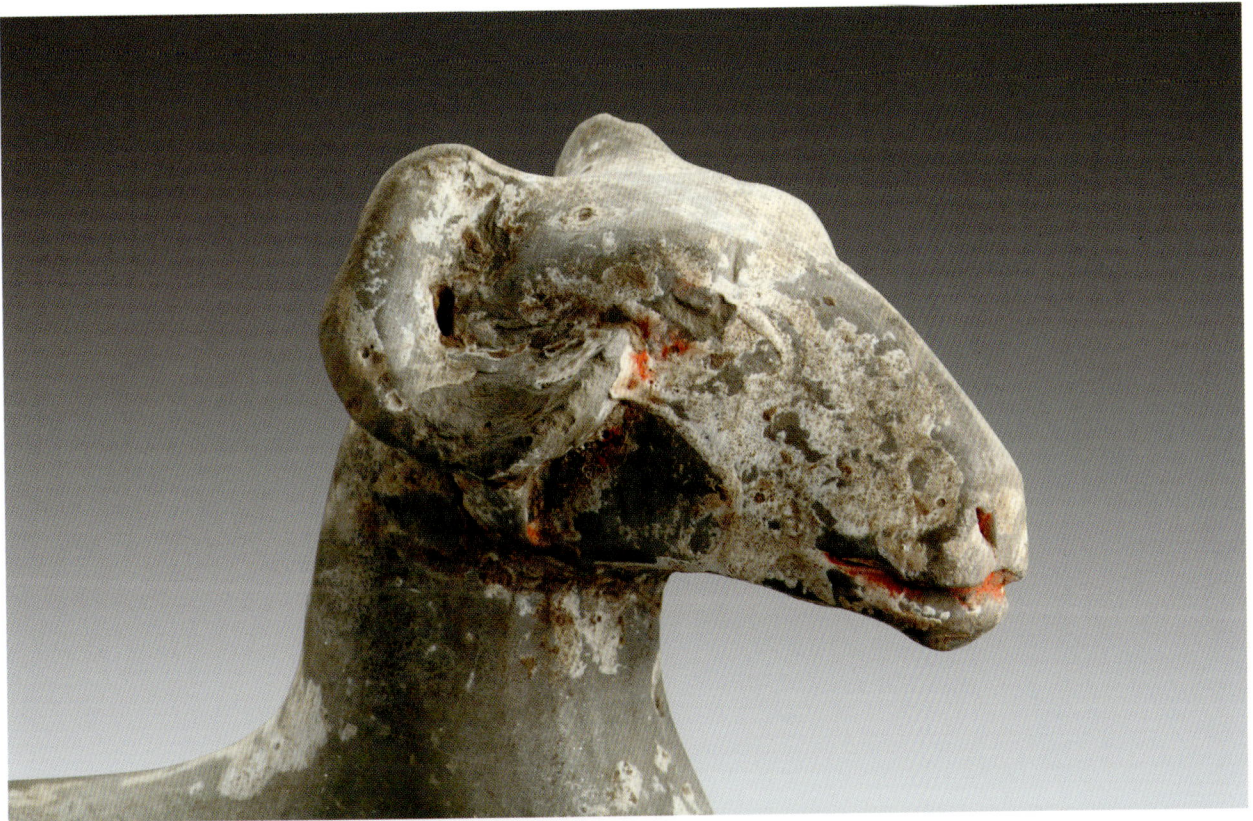

彩版一一三　羊俑 YK：433

长 11.3、高 7.2 厘米。

彩版一一四　羊俑 YK：417

长 15.3、高 10.9 厘米。

彩版一一五　羊俑 YK：426

长 11.2、高 8.8 厘米。

彩版一一六　羊俑 YK：418

长 13.5、高 9.0 厘米。

临
淄
山
王
村
汉
代
兵
马
俑

彩版一一七　羊俑 YK：393

长 15.0、高 11.7 厘米。

彩版一一八　羊俑 YK：430

长 12.0、高 6.0 厘米。

彩版一一九　羊俑 YK：402

长 16.6、高 12.3 厘米。

彩版一二〇　羊俑 YK：409

长 16.0、高 11.0 厘米。

彩版一二一　羊俑 YK：434

长 15.0、高 9.0 厘米。

彩版一二二　羊俑 YK：401

长 11.6、高 6.5 厘米。

临淄山王村汉代兵马俑

彩版一二三　羊俑 YK：425

长 9.0、高 6.9 厘米。

彩版一二四　羊俑 YK：422

长 11.3、高 6.7 厘米。

241

陆

彩版

彩版一二五　羊俑 YK：429

长 17.2、高 11.6 厘米。

彩版一二六　羊俑 YK：423

长 13.7、高 11.5 厘米。

彩版一二七　猪俑 YK：377-1

长 13.5、高 5.8 厘米。

彩版一二八　狗俑 YK：60-20

长 15.5、高 5.0 厘米。

彩版一二九　狗俑 YK：366

高 16.5、宽 4.48 厘米。

彩版一三〇 东阙 YK：50

阙楼呈西高东低的楼阁式子母阙。母阙通高
112.0、宽36.0、进深16.8厘米；子阙通高8.4、腰
檐以上高32.0、进深10.4厘米。

246

临淄山王村汉代兵马俑

彩版一三一 东阙 YK：50

东阙 YK：50 子阙顶部及瓦当。

彩版一三二　西阙 YK：51

西阙与东阙相对，结构相同位置相反，呈东高西低状。母阙通高
112.0、宽 36.0、进深 16.8 厘米；子阙通高 8.4、进深 10.4 厘米。

彩版一三三　后宅院大门 YK：53

后宅院大门，三开间，中间为过厅，两侧为东、西门房。门的顶部
由三架悬山式屋顶相叠构成。通长 150.0、通宽 50 厘米。

彩版一三四　戏楼 YK：54

位于院内西侧正对大门，戏楼为三层小楼，主体呈上大
下小的近似方形碉堡状。通高 87.2 厘米。

彩版一三五　戏楼 YK：54

戏楼 YK：54 局部。

彩版一三六　寝房 YK：57

位于后院北侧中部，东西两开间，面阔 52.8、进深 32.4
厘米。房顶为悬山顶，正脊处于房顶偏后的位置，屋顶
东西长 60.8、宽 43.8 厘米。

彩版一三七　寝房 YK：58

位于后院北侧中部偏东，西邻 YK：57。东西两开间。房顶为悬山顶，正脊两端有圆形云纹瓦当。面阔 48.0、进深 24.0 厘米。

位于后院东北角处，单间式。面阔 40.8、进深 24.0 厘米。厨房东、
南、北三面为封闭式墙体，西面为开放式。

253

陆

彩版

彩版一三九　粮仓 YK：61

位于后院东北角处，北侧紧靠庖厨。正面朝西，南北两
开间。面阔 55.2、进深 27.0 厘米。

彩版一四〇　猪圈

位于俑坑的后端东北角,平面呈不规则长方形
框架,无底。通长 39.7、宽 22.2、高 6.7 厘米。

彩版一四一　车轭

轭位于衡两侧,上部为轭首,中间为轭身,下有
两轭肢。通高 15.2 厘米。

彩版一四二　车伞

在 8 号、9 号车上还装有车伞，由伞盖和伞柄和盖斗构成。伞盖
直径 54.0、伞柄通长 59.4、盖斗最大径为 7.8 厘米。

临淄山王村汉代兵马俑

1号车是整个俑坑内的主乘车，驾四马。车舆长 48.0、
高 22.8、进深 18.6 厘米。

彩版一四三　1号车

1号车是整个俑坑内的主乘车，驾四马。车舆长 48.0、
高 22.8、进深 18.6 厘米。

临淄山王村汉代兵马俑

彩版一四四　4 号车

车舆长 52.4、高 24.0、进深 19.9 厘米。后车门上宽
46.2、下宽 39.0 厘米。

彩版一四五　8号车

8号车位于后院东侧前部。车通长 111.0、通宽 72.0、通高 61.8 厘米。

263

陆　彩版

彩版一四六　8号车

8号车驾四马，两服马前有1名形体较小的牵马俑。车舆内右侧
有驭手，中间有车伞，右侧应为车主的乘车位置。

临淄山王村汉代兵马俑

彩版一四七 9号车

9号车位于8号车后部，驾四马，结构与8号车相同，也
属于驷马安车。

彩版一四八　10 号车

10 号车位于后院西侧，驾四马，为驷马安车。车通长
99.8、通宽 75.0、通高 53.9 厘米。

彩版一四九　车舆

车舆长 51.0、高 26.4、进深 23.0 厘米。车门上口宽
46.2、下口宽 39.6 厘米。车舆前軨及左右两侧车軨有
凸起的方格及相叠的菱形图案。

临淄山王村汉代兵马俑

彩版一五〇　10 号车

车舆内侧有 1 名站立的驭手, 位于车舆中部。该车与 8 号车、9 号车为坐乘的方式不同、从驭手站立驾车的方式看车主应为在车舆中站立乘车, 应为安车中属于立乘车的车类。

彩版一五一　车箱

6号车（牛车）车箱，仅有两侧板，形制相同，两端向内弧，略呈弧
形。长33.0、宽30.0、中间高13.8、两端高7.2、厚0.9厘米。

彩版一五二　车衡

车衡较短，呈中间粗两端细的圆柱状，两端有刻划的衡末饰。衡
长23.6、中间径2.8、两端径1.8厘米。

临淄山王村汉代兵马俑

彩版一五三　车轴、毂

车轴呈两端略细的长圆柱状，中间略粗。长 30.8、径 3.6 厘米。两端贯装车轮处变细，外端径 2.4 厘米。轮毂长 5.8、外径 6.8 厘米。

彩版一五四　车轮牙

轮外径 36.2 厘米；轮牙近似方形，高 2.8、厚 3.0 厘米。

临淄山王村汉代兵马俑

彩版一五五　建鼓 YK：191（鼓）、197（座）

出自踞坐俑方阵中。鼓为椭圆形，泥质实心。通长 15.36、外径 9.6、中间最大径 16.32 厘米。下部有方形实心台座，边长 12.0、通高 8.0、器高 6.0 厘米。鼓身 侧孔与底坐中间孔相对，两者之间应有支架，出土时已朽失。

临淄山王村汉代兵马俑登记表

出土号	名称	尺寸（厘米）	重量（克）	入库编号	备注
车 1	独辕马车	长 50.0、进深 19.0、高 24.5		Mb464	
车 1-1	陶马	长 59.2、高 62.7	11610	Mb424	
车 1-2	陶马	长 68.0、高 57.0	12510	Mb441	
车 1-3	陶马				残碎
车 1-4	陶马	长 68.0、高 57.0	11030	Mb437	
车 1-5	车卫俑	高 34.0、宽 10.0			
车 1-6	指挥俑	高 42.5、宽 12.4	1170	Mb466	
车 1-7	驭车卒俑	高 30.0、宽 10.0	1125	Mb467	
车 2	独辕马车	长 48.0、进深 18.6、高 22.8			
车 2-1	陶马	长 68.0、高 58.0	11870	Mb442	
车 2-2	陶马	长 62.2、高 62.7	11920	Mb414	
车 2-3	陶马	长 58.2、高 61.7	12110	Mb421	
车 2-4	陶马	长 62.2、高 62.7	11420	Mb396	
车 2-5	车卫俑	高 30.4、宽 8.9	1140	Mb475	
车 2-6	驭车卒俑	高 32.0、宽 9.3	1270	Mb476	
车 2-7	车卫俑	高 35.0、宽 10.0	1380	Mb477	
车 3	独辕马车	长 47.8、进深 23.4、高 17.4			
车 3-1	陶马	长 73、高 58.5	10930	Mb444	
车 3-2	陶马	长 62.2、高 59.7	12110	Mb410	
车 3-3	陶马				残碎
车 3-4	陶马	长 60.2、高 63.7	11810	Mb391	
车 3-5	车卫俑	高 30.8、宽 8.8	1130	Mb473	
车 3-6	驭车卒俑	高 35.0、宽 10.0	1290	Mb474	
车 3-7	车卫俑				残碎
车 4	独辕马车	长 52.4、进深 19.9、高 24.0			
车 4-1	陶马	长 67.0、高 60.0	10820	Mb430	
车 4-2	陶马	长 65.0、高 60.0	12790	Mb450	
车 4-3	陶马	长 67.0、高 57.0	11150	Mb457	
车 4-4	陶马	长 60.2、高 63.7	10500	Mb459	
车 4-5	车卫俑	高 30.7、宽 9.7			
车 4-6	驭车卒俑				残碎
车 4-7	车卫俑	高 30.7、宽 8.9			
车 4-8	牵马俑				残碎
车 5	独辕马车	长 94.0、宽 46.5、高 21.0		Mb463	
车 5-1	陶马	长 61.2、高 63.7	12270	Mb413	
车 5-2	陶马	长 66.0、高 59.5	11310	Mb453	
车 5-3	陶马				残碎

临淄山王村汉代兵马俑

出土号	名称	尺寸（厘米）	重量（克）	入库编号	备注
车 5-4	陶马				残碎
车 5-5	车卫俑	高 31.0、宽 10.0	1180	Mb469	
车 5-6	驭车卒俑	高 31.0、宽 10.0	1100	Mb470	
车 5-7	车卫俑	高 30.8、宽 9.5	1145	Mb471	
5-8	牵马俑	高 33.9、宽 8.8			
车 6	牛车	通长 33.0、宽 30.0			
	车轮 1	直径 37.0	900		
	车轮 2	直径 36.2	900		
	牛车车衡	长 23.0			
	牛车厢板	长 32.8、宽 14.0、厚 1.5	1007		
	牛车车轴	长 30.8、高 6.8			
	牛车轭	长 15.5、宽 14.5			
车 6-1	牵牛俑	高 21.7、宽 13.0	1305		
车 6-2	陶牛	长 49.5、高 25.6	9723		
车 7	牛车				残碎
车 7-1	牵牛俑				残碎
车 8	独辕马车	长 51.2、宽 19.8、高 21.0		Mb465	
车 8-1	陶马	长 68.0、高 70.0	15850	Mb455	
车 8-2	陶马	长 66.0、高 64.0	14820	Mb452	
车 8-3	陶马	长 66.0、高 67.0	15570		
车 8-4	陶马	长 60.2、高 72.7	16090	Mb412	
车 8-5	驭车卒俑	高 27.7、宽 12.9	1355	Mb387	
8-6	牵马俑	高 34.5、宽 11.1	1415	Mb382	
车 9	独辕马车	车轮径 41.2、车厢长 53.0、车厢宽 23.0、高 20.5、伞高 39.6、伞径 39.6、车辕长 94.8、车辕宽 3.7、车衡长 38.4、直径 2.0、车轭长 15.5、宽 15.0、厚 2.5、马高 59.0、马长 66.0、宽 19.0	35000		
车 9-1	陶马	长 64.0、高 68.0	16160	Mb445	
车 9-2	陶马	长 66.0、高 70.5	15410	Mb432	
车 9-3	陶马	长 65.0、高 68.0	17480	Mb435	
车 9-4	陶马	长 63.0、高 68.0	16720	Mb447	
车 9-5	驭车卒俑	长 14.4、高 26.0	1559		
车 9-6	牵马俑				残碎
车 10	独辕马车	长 51.0、进深 23.0、高 26.4、辕长 96.4		Mb462	
车 10-1	陶马	长 63.7、高 56.2	14680	Mb449	
车 10-2	陶马	长 56.0、高 58.2	15610	Mb440	
车 10-3	陶马	长 54.4、高 58.2	15100	Mb461	
车 10-4	陶马	长 50.4、高 59.2			
车 10-5	驭车卒俑	高 42.2、宽 11.6	1465	Mb378	
车 10-6	牵马俑			Mb379	残碎

出土号	名称	尺寸（厘米）	重量（克）	入库编号	备注
车 11	双辕马车	长 33.0、宽 2.5	3100		
车 11-1	陶马	长 66.0、宽 18.0、高 19.0	13111		
车 11-2	驭车卒俑	长 12.5、高 27.7	1430		
车 11-3	牵马俑	长 9.4、宽 6.7、高 33.7	2130		
12	陶马（骑俑）	长 60.2、高 61.6	11950	Mb392	
13	陶马（骑俑）	长 59.2、高 63.7		Mb460	
14	陶马（骑俑）	长 62.2、高 65.7	11450	Mb423	
15	陶马（骑俑）	长 62.2、高 59.7	11610	Mb408	
16	陶马（骑俑）	长 22.4、高 38.7	11900	Mb426	
17	陶马（骑俑）	长 62.2、高 61.7	11180	Mb416	
18	陶马（骑俑）	长 58.2、高 65.7	10780	Mb419	
19	陶马（骑俑）	长 67.7、高 60.2	11110	Mb443	
20	陶马（骑俑）	长 66.0、高 60.0	12130	Mb446	
22	陶马（骑俑）	长 62.2、高 65.7	11560	Mb425	
22	陶马（骑俑）	长 63.0、高 61.0	11460	Mb438	
23	陶马（骑俑）	长 62.2、高 65.7	12110	Mb394	
24	陶马（骑俑）	长 62.2、高 60.7	10820	Mb417	
25	陶马（骑俑）	长 62.2、高 65.7	11750	Mb402	
27	陶马（骑俑）	长 62.2、高 65.7	11820	Mb420	
28	陶马（骑俑）	长 62.2、高 65.7	10800	Mb407	
29	陶马（骑俑）	长 68.0、高 58.0	14310	Mb404	
30	陶马（骑俑）	长 65.0、高 61.0	10650	Mb456	
31	陶马（骑俑）	长 59.2、高 63.7	11480	Mb393	
33	陶马（骑俑）	长 67.0、高 60.0	10170	Mb454	
34	陶马（骑俑）	长 66.0、高 52.0	12480	Mb458	
35	陶马（骑俑）	长 66.0、高 58.0	11050	Mb395	
37	陶马（骑俑）	长 66.0、高 58.0	14160	Mb405	
41	陶马（骑俑）	长 62.2、高 65.7	11350	Mb398	
42	陶马（骑俑）	长 61.2、高 62.7	11220	Mb411	
43	陶马（骑俑）	长 61.2、高 63.7	14270	Mb400	
45	陶马（骑俑）	长 68.0、高 58.5	14160	Mb451	
45-1	牵马俑	高 33.4			
46	陶马（骑俑）				残碎
47	陶马（骑俑）				残碎
48	陶马（骑俑）				残碎
49	陶马（骑俑）				残碎
50	东阙楼	通高 112.0、宽 36.0、厚 16.8		Mb297	
51	西阙楼	通高 112.0、宽 36.0、厚 16.8		Mb298	
52	前大门	通长 156.0、通宽 53.0			

临淄山王村汉代兵马俑

出土号	名称	尺寸（厘米）	重量（克）	入库编号	备注
53	后大门一套（5件）	通长 150.0、通宽 50.0		Mb299	
54	戏楼	通高 87.2、宽 35.0、厚 47.3		Mb300	
54-1	陶俑（乐俑）	俑高 15.6、宽 7.6	340	Mb315	
54-2	陶俑（乐俑）	俑高 14.2、宽 6.7	330	Mb316	
54-3	陶俑（观赏俑）	俑高 14.5、宽 8.0	330	Mb317	
54-4	陶俑（观赏俑）	俑高 14.3、宽 6.2	320	Mb318	
54-5	陶俑（观赏俑）	俑高 14.0、宽 6.5	320	Mb319	
54-6	陶俑（观赏俑）	俑高 14.0、宽 6.0	330	Mb320	
54-7	陶俑（乐俑）	俑高 14.0、宽 6.4	330	Mb321	
54-8	陶俑（舞俑）	俑高 20.7、宽 9.2	430	Mb491	
54-9	陶俑	俑高 14.6、宽 8.3	330	Mb322	
54-9	小鼓	高 2.6、宽 3.8			
54-10	陶尊				残碎
54-11	方壶	高 10.4、口径 2.2、底径 3.6	190	Mb372	
54-12	陶琴	长 11.4、宽 3.7~3.9、厚 2.1	150	Mb370	
54-13~19	耳杯（7件）	长 4.6、高 1.25	共 70	Mb374	
54-20~22	陶盘（3件）	高 1.1、径 5.5	50	Mb375	
54-23	筒形耳杯	高 2.3、径 2.0	10	Mb373	
54-24	小鼓				残碎
54-25	小鼓				残碎
54-26	棋盘	高 4.7、边长 4.7	50	Mb371	
54-27	陶琴				残碎
54-28	耳杯	直径 3.6、高 1.4	10	Mb369	
54-29	侍奉俑	俑高 14.0、宽 9.0	340	Mb323	
54-30	侍奉俑	俑高 14.0、宽 6.5	320	Mb324	
54-31	侍奉俑	俑高 13.7、宽 7.6	330	Mb325	
54-32	侍奉俑	俑高 14.0、宽 7.0	350	Mb326	
54-33	侍奉俑	俑高 14.2、宽 7.3	320	Mb327	
54-192	器座	底径 7.4、高 4.5、厚 1.0、孔径 0.4			
54-193、194	器座	底径 3.7、高 5.6、孔径 0.2			
55	殿堂	通高 90.0、通长 108.0	180	Mb359	
55-1	陶鸭	长 6.0、高 4.6	70	Mb361	
55-2	饲养俑	俑高 15.0、宽 8.0	415	Mb328	
55-3	陶鸡				残碎
55-4	陶鸡				残碎
55-5	陶狗	高 16.0、宽 7.2	535	Mb365	
55-6	陶狗	高 10.0、宽 13.0	355	Mb364	
55-7	侍奉俑	俑高 14.5、宽 9.0	365	Mb311	

出土号	名称	尺寸（厘米）	重量（克）	入库编号	备注
55-8	侍奉俑	俑高 14.2、宽 7.0	335	Mb312	
55-9	陶盆				残碎
55-10	陶琴	长 8.2、宽 5.6	55	Mb357	
55-11	棋盘	长 5.0、宽 5.0、厚 1.5	45	Mb363	
55-12	陶匜	长 4.8、宽 3.6	15	Mb360	
55-13	圆盘				残碎
55-14	侍奉俑	俑高 14.0、宽 8.0	335	Mb329	
55-27	陶琴	长 17.8、宽 6.3	55	Mb358	
56	寝房	通高 53.0、通长 67.0	20000		
56-1	陶俑		360		残碎
56-2	陶俑		349		残碎
57	寝房	通高 63.0、通长 63.0			
57-1	侍奉俑	俑高 14.2、宽 9.0	360	Mb305	
57-2	侍奉俑	俑高 14.0、宽 8.3	325	Mb306	
57-3	侍奉俑	俑高 14.0、宽 9.0	4505	Mb307	
57-4	侍奉俑	俑高 14.5、宽 8.0	405	Mb308	
57-5	侍奉俑	俑高 14.0、宽 8.5	355	Mb309	
57-6	侍奉俑	俑高 14.2、宽 7.0	325	Mb310	
57-7	陶琴	长 11.0、宽 4.7、高 2.0	125	Mb367	
57-8	圆盘	高 1.3、径 5.2	20	Mb368	
57-9	耳杯	长 4.4、高 1.25	10	Mb366	
58	寝房	通高 55.5、通长 51.0			
58-1	侍奉俑	俑高 14.0、宽 7.0	340	Mb313	
58-2	侍奉俑	俑高 14.0、宽 8.3	340	Mb314	
59	寝房	通高 40.5、通长 54.0	17000		
59-1	陶俑	长 6.5、宽 6.0、高 4.3	354		
59-2	陶俑	长 7.2、宽 5.5、高 15.0	345		
60	厨房	通长 54.0、通宽 30.3		Mb302	
60-1	庖厨俑	俑高 19.5、宽 10.0	440	Mb330	
60-2	庖厨俑	俑高 13.5、宽 7.9	380	Mb331	
60-3	庖厨俑	俑高 14.0、宽 7.0	395	Mb332	
60-4	庖厨俑	俑高 13.6、宽 7.8	360	Mb333	
60-5	庖厨俑	俑高 20.0、宽 10.0	445	Mb334	
60-6	陶井（方形）	长宽 12.8、高 1.2	480	Mb346	
60-7	汲水器	高 3.8		Mb345	
60-8	方案	长 12.6、宽 8.2、厚 3.1	共 370	Mb340	
60-9	方案	长 13.4、宽 8.9、厚 2.7	与 60-13 共 230	Mb339	
60-10	陶鼎				残碎

临淄山王村汉代兵马俑登记表

出土号	名称	尺寸（厘米）	重量（克）	入库编号	备注
60-11	陶鼎	高 4.2、径 2.6	50	Mb344	
60-12	陶盆	高 1.5、径 5.2	共 35	Mb338	
60-13	耳杯（17 个）	耳杯长 4.5、短径 3.5、高 1.3		Mb340	
60-14	汲水器	高 3.8、口径 1.75	与 60-7 共 30	Mb345	
60-15	灶台	长 13.1、宽 6.9、高 5.7	535	Mb335	
60-16	陶盆	径 7.2、高 3.0	75	Mb342	
60-17	陶盆	径 4.6、高 1.0	85	Mb343	
60-18	陶匜				残碎
60-19	陶盘	长 7.2、宽 5.2、厚 0.9	40	Mb337	
60-20	陶狗	长 15.5、高 5.0	330	Mb347	
60-21	案桌	长 8.0、宽 3.5、高 3.5	125	Mb341	
60-22	案桌	长 7.8、宽 3.7、高 3.5	110	Mb336	
61	粮仓	通高 48.0、通宽 54.0		Mb301	
62	陶马（骑俑）	长 58.2、高 62.7	11820	Mb422	
63	陶马（骑俑）	高 69.0、长 56.5	11880	Mb433	
64	陶马（骑俑）	长 65.0、高 60.0	12510	Mb431	
65	陶马（骑俑）	长 68.0、高 59.0	11540	Mb429	
66	陶马（骑俑）	长 67.0、高 56.5	13800	Mb409	
67	陶马（骑俑）	长 62.0、高 58.0	12130	Mb428	
68	陶马（骑俑）	长 56.2、高 67.7	13530	Mb397	
69	陶马（骑俑）	长 63.2、高 62.7	14200	Mb399	
70	陶马（骑俑）	长 64.0、高 59.0	9770	Mb436	
71	陶马（骑俑）				残碎
72	陶马（骑俑）	长 67.0、高 64.0	12720	Mb448	
73	陶马（骑俑）	长 61.2、高 63.7	12380	Mb389	
74	陶马（骑俑）	长 60.2、高 63.7	11390	Mb406	
75	门吏俑				残碎
76	门吏俑	高 42.6、宽 11.0	2245	Mb386	
77	门吏俑	高 42.5、宽 12.0	1270	Mb381	
78	步卒俑	俑高 29.8、宽 8.6	1040	Mb081	无盾牌
79	步卒俑	俑高 29.8、宽 8.6	1180	Mb083	无盾牌
80	步卒俑	俑高 29.8、宽 8.6	1270	Mb095	无盾牌
81	立卒俑	俑高 30.0、宽 8.6	1010	Mb074	无盾牌
82	步卒俑	俑高 29.8、宽 8.6	1300	Mb082	无盾牌
83	步卒俑	俑高 29.8、宽 8.6	1020	Mb097	无盾牌
84	步卒俑	俑高 29.8、宽 8.6	980	Mb085	无盾牌
85	步卒俑	俑高 29.8、宽 8.6	1080	Mb090	无盾牌
86	步卒俑	俑高 29.8、宽 8.6	1160	Mb161	无盾牌
87	步卒俑	俑高 30.0、宽 8.5	1180	Mb176	无盾牌

出土号	名称	尺寸（厘米）	重量（克）	入库编号	备注
88	步卒俑	俑高 29.8、宽 8.6、盾长 14.0、宽 8.5	1040	Mb167	无盾牌
90	步卒俑	俑高 29.8、宽 8.6	1190	Mb172	无盾牌
91	步卒俑	俑高 29.8、宽 8.6	1190	Mb039	无盾牌
92	步卒俑	俑高 29.8、宽 8.6	950	Mb042	无盾牌
93	指挥俑	俑高 42.5、宽 12.0	2600	Mb385	
94	步卒俑	俑高 30.0、宽 8.6、盾长 14.0、宽 8.5	1190	Mb032	
96	步卒俑	俑高 29.8、宽 8.6	1260	Mb026	无盾牌
97	步卒俑	俑高 30.0、宽 8.5、盾长 14.7、宽 8.7	1190	Mb009	
98	步卒俑	俑高 30.0、宽 8.6、盾长 15.0、宽 9.0	1100	Mb012	
99	步卒俑	俑高 29.8、宽 8.6、盾长 14.0、宽 8.5	1280	Mb011	
100	步卒俑	俑高 29.5、宽 8.3	1275	Mb145	无盾牌
101	步卒俑	俑高 30.0、宽 8.6	1110	Mb151	无盾牌
102	步卒俑	俑高 29.8、宽 8.6	1010	Mb020	无盾牌
103	立卒俑	俑高 30.9、宽 9.2	1040	Mb147	无盾牌
104	步卒俑	俑高 29.8、宽 8.6、盾长 14.0、宽 8.5	1280	Mb143	
105	立卒俑	俑高 32.6、宽 9.6	1330	Mb036	无盾牌
106	立卒俑	俑高 29.5、宽 7.0	1340	Mb102	无盾牌
107	步卒俑	俑高 30.0、宽 8.6	1250	Mb041	无盾牌
108	步卒俑	俑高 29.8、宽 8.6	1100	Mb157	无盾牌
109	步卒俑	俑高 29.8、宽 8.6	1020	Mb150	无盾牌
110	步卒俑	俑高 29.8、宽 8.6	1170	Mb149	无盾牌
111	步卒俑	高 30.0、宽 8.9	1050	Mb480	
112	步卒俑	俑高 30.0、宽 8.0、盾长 14.5、宽 8.5	1090	Mb118	无盾牌
113	步卒俑	俑高 29.8、宽 8.6	1020	Mb029	无盾牌
114	步卒俑	俑高 30.0、宽 8.5	1110	Mb153	无盾牌
115	步卒俑	俑高 30.0、宽 8.2	1150	Mb154	无盾牌
116	步卒俑	俑高 30.2、宽 8.6	1040	Mb022	
117	步卒俑	俑高 30.2、宽 8.5	1280	Mb014	无盾牌
118	步卒俑	俑高 29.9、宽 8.7	990	Mb178	无盾牌
119	步卒俑	俑高 30.5、宽 8.5、盾长 14.0、宽 8.5	1270	Mb177	
120	步卒俑	俑高 29.8、宽 8.6	1100	Mb089	无盾牌
121	步卒俑	俑高 30.0、宽 8.6	1170	Mb019	无盾牌
122	步卒俑	俑高 29.8、宽 8.6	1230	Mb024	无盾牌
123	步卒俑	俑高 29.8、宽 8.6	1130	Mb159	无盾牌
124	步卒俑	俑高 29.8、宽 8.5	1020	Mb155	无盾牌
125	立卒俑	俑高 30.0、宽 8.6	1070	Mb148	无盾牌
126	步卒俑	俑高 30.0、宽 8.6	1160	Mb079	无盾牌
127	立卒俑	俑高 30.0、宽 8.6	1040	Mb252	无盾牌
128	步卒俑	俑高 30.0、宽 8.6	1100	Mb087	无盾牌

临淄山王村汉代兵马俑登记表

出土号	名称	尺寸（厘米）	重量（克）	入库编号	备注
129	步卒俑	俑高 29.8、宽 8.6、盾长 14、宽 8.5	1240	Mb094	
130	步卒俑	俑高 30.0、宽 8.6	1020	Mb049	无盾牌
131	步卒俑	俑高 30.0、宽 8.6	1150	Mb246	无盾牌
132	立卒俑	俑高 30.0、宽 8.6	1070	Mb096	无盾牌
133	步卒俑	俑高 29.8、宽 8.6	1090	Mb084	无盾牌
134	步卒俑	俑高 30.0、宽 8.6	1120	Mb076	无盾牌
135	立卒俑	俑高 31.0、宽 9.0	1080	Mb088	无盾牌
136	立卒俑	俑高 31.05、宽 9.0	1070	Mb078	无盾牌
137	跽坐卒俑				残碎
138	跽坐卒俑	俑高 22.0、宽 12.8、盾长 14.0、宽 8.8	1350	Mb228	
139	跽坐卒俑	俑高 21.8、宽 13.2、盾长 14.2、宽 8.7	1220	Mb220	
140	跽坐卒俑	俑高 22.0、宽 12.5、盾长 14.0、宽 8.5	1270	Mb225	
141	跽坐卒俑	俑高 21.6、宽 12.0、盾长 14.8、宽 8.8	1720	Mb233	
142	跽坐卒俑	俑高 22.4、宽 12.4、盾长 14.7、宽 8.9	1360	Mb222	
143	跽坐卒俑	俑高 22.2、宽 12.5、盾长 14.7、宽 8.8	1420	Mb230	
144	跽坐卒俑	俑高 22.5、宽 12.2、盾长 14.2、宽 8.9	1500	Mb221	
145	跽坐卒俑		1315	Mb377	残碎
147	跽坐卒俑	俑高 22.0、宽 12.0、盾长 14.2、宽 8.9	1270	Mb224	
148	跽坐卒俑	俑高 21.5、宽 12.5、盾长 14.2、宽 8.7	1350	Mb226	
149	跽坐卒俑	俑高 22.3、宽 12.0、盾长 14.0、宽 8.5	1280	Mb229	
150	跽坐卒俑	俑高 22.0、宽 12.5、盾长 14.8、宽 8.9	1180	Mb219	
151	跽坐卒俑	俑高 21.9、宽 11.4、盾长 14.6、宽 8.9	1270	Mb223	
152	行刑俑	俑高 26.5、宽 16.0	2210	Mb232	
153	跽坐俑				残碎
154	跽坐俑				残碎
155	跽坐俑				残碎
156	指挥俑	俑高 41.5、宽 12.5	2440	Mb239	
157	跽坐俑	俑高 22.3、宽 12.6、盾长 14.2、宽 8.9	1530	Mb218	
158	跽坐俑	俑高 22.1、宽 12.2、盾长 14.7、宽 8.8	1350	Mb217	
159	击鼓俑	俑高 27.5、宽 21.5	2200	Mb231	
160	腰斩俑	俑高 30.0、宽 8.5、盾长 14.0、宽 8.5	1320	Mb248	
161	跽坐俑	俑宽 12.5、盾牌宽 9.5、14.3、厚 2.5	1228		
162	跽坐俑	俑宽 12.2、盾高 14.6、宽 9.2、厚 2.6	1166		
163	跽坐俑		2071		残碎
164	跽坐俑	俑宽 12.4、盾宽 9、高 14.9、厚 2.2	1346		
165	跽坐俑	俑宽 12.0、盾高 14.2、宽 9.0、厚 2.5	1443		
166	跽坐俑	俑宽 9.6、盾高 14.6、宽 9.6、厚 2.5	1330		
167	跽坐俑	俑宽 12.0、盾高 14.7、宽 9.0、厚 2.7	1454		
168	跽坐俑	俑宽 12.2、盾高 13.7、宽 9.5、厚 2.5	1353		

出土号	名称	尺寸（厘米）	重量（克）	入库编号	备注
169	跽坐俑	俑宽 11.0、盾高 13.9、宽 9.0、厚 2.2	1436		
170	跽坐俑	俑宽 10.2、盾高 11.3、宽 9.0、厚 2.5	967		
171	跽坐俑	俑宽 11.5、盾高 14.7、宽 9.2、厚 2.5	1557		
172	跽坐俑	俑宽 9.7、盾残宽 9.2、残高 11.5、厚 2.2	1249		
173	跽坐俑		1098		残碎
174	跽坐俑	俑宽 10.0、盾高 14.5、宽 9.5、厚 2.5	1198		
175	跽坐俑	俑宽 11.0、盾高 15.2、宽 9.5、厚 2.5	1308		
176	跽坐俑	俑宽 11.6、盾宽 8.6、高 14.8、厚 2.0	1407		
177	跽坐俑	俑宽 11.3、盾牌宽 8.6、高 14.6、厚 2.3	1501		
178	跽坐俑	俑宽 11.5、盾牌宽 9.2、高 15.0、厚 2.5	1193		
179	跽坐俑	俑宽 11.6、盾牌宽 9.2、高 14.7、厚 2.6	1243		
180	跽坐俑	俑宽 12.0、盾牌宽 9.2、高 14.7、厚 2.4	1069		
181	跽坐俑	俑宽 11.0、盾宽 9.5、盾高 14.8、厚 2.7	1211		
182	跽坐俑	俑宽 12.0、盾高 15.3、宽 9.3、厚 2.5	1217		
183	跽坐俑				残碎
184	跽坐俑	俑宽 11.2、盾高 13.5、宽 9.2、厚 2.5	1425		
185	跽坐俑	俑高 21.7、宽 11.0、盾长 14.4、宽 8.8	1270	Mb215	
186	跽坐卒俑	残高 21.2、宽 10.5、盾残长 13.5、宽 8.8	1170	Mb216	
187	跽坐卒俑	俑高 21.5、宽 13.0、盾长 14.0、宽 8.8	1400	Mb227	
188	跽坐俑	高 22.6、宽 11.2、盾长 15.0、宽 9.0	1280	Mb484	
189	跽坐俑				残碎
190	帽形器				残碎
191	建鼓	长 15.36、宽 15.4、高 34.3	1570	Mb352	
192	彩鼓				残碎
193	彩鼓				残碎
194	彩鼓				残碎
195	条形斧座				残碎
196	刑具	长 10.4、宽 4.8、高 2.4	205	Mb350	
197	彩方座	通高 8.0、底边长 12.0	1405	Mb351	
198	陶钟	高 5.2、底径 4.6	50	Mb353	
199	梯形器				残碎
200	彩帽形器				残碎
201	彩帽形器				残碎
202	步卒俑	俑高 29.8、宽 8.6、盾长 14.0、宽 8.5	1000	Mb048	
203	立卒俑	俑高 32.0、宽 8.9、盾长 14.0、宽 8.5	1130	Mb086	
204	步卒俑	俑高 30.5、宽 8.5、盾长 14.2、宽 9.0	1160	Mb059	
205	步卒俑	俑高 29.7、宽 8.5、盾长 14.9、宽 9.0	1530	Mb062	
206	步卒俑	俑高 29.8、宽 8.5、盾长 14.0、宽 8.5	1340	Mb060	
206	立卒俑	俑高 29.8、宽 8.6、盾长 13.5、宽 8.5	1180	Mb169	

出土号	名称	尺寸（厘米）	重量（克）	入库编号	备注
207	步卒俑	俑高 30.0、宽 8.9、盾长 14.5、宽 8.7	1270	Mb038	
208	步卒俑	俑高 29.8、宽 8.6、盾长 14.0、宽 8.5	1290	Mb017	
209	立卒俑	俑高 29.8、宽 8.6、盾长 14.0、宽 8.5	1080	Mb175	
210	步卒俑	俑高 29.8、宽 8.6、盾长 14.0、宽 8.5	1110	Mb168	
211	步卒俑	俑高 29.8、宽 8.6、盾长 14.0、宽 8.5	1470	Mb099	
212	步卒俑	俑高 29.8、宽 8.6、盾长 14.0、宽 9.0	1130	Mb004	
213	步卒俑	俑高 30.4、宽 8.6、盾长 14.8、宽 9.1	1340	Mb027	
213	步卒俑		1110	Mb478	残碎
214	步卒俑	俑高 30.0、宽 8.5、盾残长 13.5、宽 8.5	1310	Mb152	
215	步卒俑	俑高 29.8、宽 8.6、盾长 14.0、宽 8.5	1110	Mb025	
216	步卒俑	俑高 29.8、宽 8.6、盾长 14.0、宽 8.5	1300	Mb156	
217	步卒俑	俑高 29.8、宽 8.6	1080	Mb006	无盾牌
217	步卒俑	俑高 29.8、宽 8.6、盾长 14.0、宽 8.5	1310	Mb123	
218	步卒俑	俑高 29.8、宽 8.6、盾长 14.0、宽 8.5	1220	Mb033	
219	步卒俑	俑高 29.8、宽 8.5、盾长 14.0、宽 8.5	1240	Mb244	
220	跽坐卒俑	俑高 29.8、宽 17.6、盾长 14.0、宽 8.5	1240	Mb247	
221	步卒俑	俑高 29.8、宽 8.6、盾长 14.0、宽 8.5	1450	Mb091	
222	步卒俑	俑高 29.8、宽 8.6、盾长 14.2、宽 8.7	1240	Mb250	
223	步卒俑	俑高 30.5、宽 8.8、盾长 14.7、宽 5.7	1170	Mb050	
224	步卒俑	俑高 29.8、宽 8.6、盾长 14.0、宽 8.5	1170	Mb045	
225	步卒俑	俑高 30.0、宽 8.5	1020	Mb249	无盾牌
226	步卒俑	俑高 29.8、宽 8.6、盾长 14.0、宽 8.5	1230	Mb053	
227	步卒俑	俑高 31.0、宽 9.0、盾长 14.5、宽 8.7	1250	Mb064	
228	步卒俑	俑高 29.8、宽 8.6、盾长 14.0、宽 8.5	1190	Mb051	
229	步卒俑	俑高 29.8、宽 8.6、盾长 14.0、宽 8.5	1150	Mb073	
230	步卒俑	俑高 29.8、宽 8.6、盾长 14.0、宽 8.5	1220	Mb210	
231	步卒俑	俑高 29.8、宽 8.6、盾长 14.0、宽 8.5	1420	Mb139	
232	步卒俑	俑高 30.0、宽 8.6、盾长 14.0、宽 8.5	1240	Mb211	
233	步卒俑	俑高 29.8、宽 8.6、盾长 14.0、宽 8.5	1350	Mb140	
233	步卒俑	俑高 30.0、宽 8.5	1090	Mb251	无盾牌
234	步卒俑	俑高 29.8、宽 8.6、盾长 14.0、宽 8.5	1170	Mb134	
235	步卒俑				残碎
236	步卒俑	俑高 30.0、宽 8.6、盾长 14.0、宽 8.5	1240	Mb212	
237	步卒俑	俑高 30.0、宽 8.6	1150	Mb127	无盾牌
238	步卒俑	俑高 30.0、宽 8.6、盾长 14.0、宽 8.5	1190	Mb209	
239	步卒俑	俑高 29.8、宽 8.6、盾长 14.0、宽 8.5	1540	Mb126	
240	步卒俑	俑高 29.8、宽 8.6、盾长 14.0、宽 8.5	1090	Mb138	
241	步卒俑	俑高 29.8、宽 8.6、盾长 14.0、宽 9.0	1170	Mb005	
242	步卒俑	俑高 30.3、宽 8.6、盾长 14.0、宽 8.6	1270	Mb028	

出土号	名称	尺寸（厘米）	重量（克）	入库编号	备注
243	步卒俑	俑高 29.8、宽 8.6、盾长 14.0、宽 8.5	1380	Mb002	
244	步卒俑	俑高 30.3、宽 7.9、盾长 14.6、宽 9.1	1315	Mb075	
245	步卒俑	俑高 30.0、宽 8.5、盾长 14.5、宽 8.5	1240	Mb056	持盾（碎）
246	步卒俑	俑高 29.8、宽 8.6、盾长 14.0、宽 8.5	1350	Mb166	
247	步卒俑	俑高 29.8、宽 8.6、盾长 14.0、宽 8.5	1250	Mb160	
248	步卒俑	俑高 29.7、宽 8.5、盾长 14.0、宽 8.5	1230	Mb171	
249	步卒俑	俑高 29.8、宽 8.6、盾长 14.0、宽 8.5	1370	Mb170	
250	步卒俑	俑高 29.8、宽 8.5、盾长 14.0、宽 8.5	1190	Mb179	
251	步卒俑	俑高 29.8、宽 8.6、盾长 14.0、宽 8.5	1270	Mb021	
252	步卒俑	俑高 29.8、宽 8.6、盾长 14.0、宽 8.5	1150	Mb044	
253	步卒俑	俑高 30.0、宽 8.5、盾长 14.8、宽 9.0	1350	Mb054	
254	步卒俑	俑高 29.8、宽 8.6、盾长 14.0、宽 10.0	1220	Mb007	
255	步卒俑	俑高 30.3、宽 8.5、盾长 14.0、宽 8.5	1150	Mb058	
256	步卒俑	俑高 30.0、宽 9.0、盾长 14.8、宽 8.8	1400	Mb016	
257	步卒俑	俑高 29.8、宽 8.6、盾长 14.0、宽 8.5	1280	Mb046	
258	步卒俑	俑高 29.8、宽 8.6、盾长 14.0、宽 8.5	1420	Mb120	
259	立卒俑	俑高 29.8、宽 8.6、盾长 14.0、宽 9.0	1350	Mb003	
260	步卒俑	俑高 29.8、宽 8.6、盾长 14.0、宽 8.5	1160	Mb031	
261	步卒俑	俑高 29.8、宽 8.6、盾长 14.0、宽 8.5	1130	Mb110	
262	步卒俑	俑高 29.8、宽 8.6、盾长 14.0、宽 8.5	1180	Mb047	
263	步卒俑	俑高 29.8、宽 8.6、盾长 14.0、宽 8.5	1220	Mb109	
264	步卒俑	俑高 29.8、宽 9.0、盾长 14.0、宽 8.5	1340	Mb104	
265	步卒俑			Mb069	有盾无俑
266	步卒俑	俑高 30.0、宽 9.0、盾长 15.0、宽 9.0	1350	Mb066	
267	步卒俑	俑高 29.8、宽 8.6、盾长 14.0、宽 8.5	1370	Mb030	
268	步卒俑	俑高 29.8、宽 8.6、盾长 14.6、宽 8.8	1220	Mb010	
269	步卒俑				残碎
270	立卒俑	俑高 29.8、宽 8.6、盾长 14.0、宽 8.5	1240	Mb072	
271	步卒俑	俑高 29.8、宽 8.6、盾长 14.0、宽 8.5	1040	Mb114	
272	步卒俑	俑高 30.0、宽 8.9、盾长 14.2、宽 8.6	1280	Mb113	
273	步卒俑	俑高 29.8、宽 8.6、盾长 14、宽 8.5	1100	Mb034	
274	步卒俑	俑高 30.0、宽 8.0、盾长 14.5、残宽 8.5	1160	Mb116	
275	步卒俑	俑高 29.2、宽 8.6、盾长 14.6、宽 9	1370	Mb100	
276	步卒俑	俑高 30.0、宽 8.5、盾长 14.0、宽 8.5	1350	Mb245	
277	步卒俑	俑高 29.8、宽 8.6、盾长 14.0、宽 8.5	1160	Mb077	
278	步卒俑	俑高 29.8、宽 8.6、盾长 14.0、宽 8.5	1390	Mb080	
279	立卒俑	俑高 29.8、宽 8.6、盾长 14.0、宽 8.5	1250	Mb092	
280	步卒俑	俑高 29.7、宽 8.5、盾长 14.9、宽 9	1210	Mb061	
281	步卒俑	俑高 29.8、宽 8.6、盾长 14.0、宽 8.5	1170	Mb103	

临淄山王村汉代兵马俑

出土号	名称	尺寸（厘米）	重量（克）	入库编号	备注
282	立卒俑	俑高 29.8、宽 8.6、盾长 14.0、宽 8.5	1110	Mb037	
283	步卒俑	俑高 30.2、宽 8.6、盾长 14.1、宽 8.7	1265	Mb068	
284	步卒俑	俑高 29.8、宽 8.6、盾长 14.0、宽 8.5	1210	Mb043	
285	步卒俑	俑高 29.8、宽 8.6、盾长 14.0、宽 8.5	1220	Mb164	
286	步卒俑	俑高 29.8、宽 8.6、盾长 14、宽 8.5	1220	Mb158	
287	步卒俑	俑高 29.8、宽 8.6、盾长 14.0、宽 9.0	1110	Mb001	
288	步卒俑	俑高 29.8、宽 8.6、盾长 14.0、宽 8.5	1300	Mb163	
289	步卒俑	俑高 29.8、宽 8.6、盾长 14.0、宽 8.5	1300	Mb015	
290	步卒俑	俑高 29.8、宽 8.6、盾长 14.0、宽 8.5	1270	Mb174	
291	步卒俑				残碎
292	步卒俑	俑高 29.8、宽 8.6、盾长 14.0、宽 8.5	1310	Mb173	
293	步卒俑	俑高 29.8、宽 8.6、盾长 14.0、宽 8.5	1190	Mb144	
294	步卒俑	俑高 29.8、宽 8.5、盾长 14.0、宽 8.5	1470	Mb162	
295	立卒俑	俑高 29.8、宽 8.6、盾长 14.0、宽 8.5	1220	Mb023	
296	步卒俑	俑高 29.8、宽 8.6、盾长 14.0、宽 8.5	1250	Mb107	
297	步卒俑	俑高 30.0、宽 8.5、盾长 14.0、宽 8.5	1460	Mb253	
298	步卒俑	俑高 29.8、宽 8.6、盾长 14.0、宽 8.5	1200	Mb129	
299	步卒俑	俑高 29.5、宽 8.6、盾长 14.0、宽 8.5	1200	Mb125	
300	步卒俑	俑高 30.0、宽 8.6	1020	Mb128	
301	步卒俑	俑高 29.5、宽 8.6、盾长 14.0、宽 9.0	1100	Mb124	
302	指挥俑	俑高 41.5、宽 12.5	2510	Mb240	
303	步卒俑	俑高 29.8、宽 8.6、盾长 14.0、宽 8.5	1400	Mb122	
304	步卒俑	俑高 30.2、宽 8.5、盾长 14.0、宽 9.0	1200	Mb013	
305	步卒俑	俑宽 7.8、高 30.7	1156		
306	步卒俑	俑宽 9.0、盾牌宽 8.6、高 14.2、厚 2.5	1198		
307	步卒俑	俑宽 9.2、盾牌宽 8.6、高 14.5、厚 2.0	1293		
308	步卒俑	俑宽 7.2、盾牌宽 9.2、高 14.8、厚 2.5	1221		
309	步卒俑	俑宽 8.0、盾牌宽 9.5、高 11.3、厚 2.5	1385		
310	步卒俑	俑宽 8.2、盾牌宽 9.2、高 14.5、厚 2.4	1342		
311	步卒俑	俑宽 7.5、盾牌宽 8.9、高 14.5、厚 2.6	1198		
312	步卒俑	俑宽 7.3、盾牌宽 9.2、高 14.5、厚 2.5	1299		
313	步卒俑	俑宽 7.5、盾牌宽 9.1、高 13.8、厚 2.2	1192		
314	步卒俑	俑宽 7.5、盾牌宽 9.0、高 14.7、厚 2.2	1224		
315	步卒俑	俑宽 7.5、盾牌宽 9.2、高 14.2、厚 2.5	1235		
316	步卒俑	俑宽 8.0、盾牌宽 9.2、高 14.7、厚 2.0	1440		
317	步卒俑	俑宽 8.0、盾牌宽 9.0、高 14.8、厚 3.0	1307		
318	步卒俑	俑宽 8.6、盾牌宽 8.8、高 14.0、厚 2.5	1193		
319	步卒俑	俑宽 7.8、盾牌宽 9.3、高 14.6、厚 2.3	1371		
320	官吏俑	俑宽 8.8、盾牌宽 8.0、高 14.6、厚 2.6	1342		

出土号	名称	尺寸（厘米）	重量（克）	入库编号	备注
321	步卒俑	俑宽 8.0、盾牌宽 9.0、高 15.2、厚 2.0	1515		
322	步卒俑	俑宽 9.2、盾牌宽 9.2、高 14.6、厚 2.4	1114		
323	步卒俑	俑宽 9.2、盾牌宽 9.2、高 14.6、厚 2.4	1090		
324	步卒俑	俑宽 8.0、盾牌宽 9.5、高 14.7、厚 2.7	1381		
325	步卒俑	俑宽 8.0、盾牌宽 9.0、高 14.4、厚 2.5	1238		
326	步卒俑	俑宽 7.8、盾牌宽 9.0、高 15.0、厚 2.8	1318		
327	步卒俑	俑宽 7.8、盾牌宽 9.2、高 14.8、厚 2.7	1212		
328	步卒俑	俑宽 7.8、盾牌宽 9.2、高 14.8、厚 2.7	1152		
329	步卒俑	俑宽 8.2、盾牌宽 9.0、高 14.2、厚 2.0	1499		
330	步卒俑	俑宽 8.2、盾牌宽 9.2、高 14.2、厚 2.3	1541		
331	步卒俑	俑长 8.8、宽 8.0、盾牌宽 9.2、高 15.2、厚 2.5	1172		
332	步卒俑	俑宽 7.0、盾牌宽 9.0、高 13.5、厚 2.5	1204		
333	步卒俑				残碎
334	步卒俑	俑高 29.8、宽 8.6、盾长 14.0、宽 8.5	1170	Mb093	
335	步卒俑	俑高 29.8、宽 8.6、盾长 14.0、宽 8.5	1450	Mb018	
336	步卒俑	俑高 30.3、宽 8.5、盾长 14.6、宽 8.8	1280	Mb063	
337	步卒俑	俑高 30.0、宽 8.5、盾长 14.8、宽 9.0	1280	Mb055	
338	步卒俑	俑高 30.0、宽 8.6	1060	Mb057	无盾牌
339	步卒俑	俑高 29.8、宽 8.6、盾长 14.0、宽 8.5	1160	Mb142	
340	步卒俑	俑高 29.8、宽 8.6、盾长 14.0、宽 8.5	1340	Mb035	
341	步卒俑	俑高 30.0、宽 8.6、盾长 14.2、宽 8.5	1300	Mb136	
342	步卒俑	俑高 29.8、宽 8.6、盾长 14.0、宽 8.5	1380	Mb137	
343	步卒俑	俑高 30.0、宽 8.7、盾长 14.6、宽 8.8	1310	Mb135	
344	步卒俑	俑高 29.8、宽 8.6、盾长 14.0、宽 8.5	1190	Mb141	
345	步卒俑				残碎
346	步卒俑	俑高 29.8、宽 8.6、盾长 14.0、宽 8.5	1100	Mb108	
347	步卒俑	俑高 29.8、宽 8.6、盾长 14.0、宽 8.5	1260	Mb132	
348	汉人侍卫俑	高 40.0、宽 23.2、身高 22.6	10570	Mb439	
349	汉人侍卫俑	高 36.4、宽 19.0、上身高 22.6			残碎
350	侍从俑	俑高 34.5、宽 16.0	5040	Mb241	
351	侍从俑	俑高 34.0、宽 15.6	1350	Mb234	
352	官吏俑	俑高 59.0、宽 16.0			
353	官吏俑	俑高 59.0、宽 16.0	5240	Mb243	
354	官吏俑	俑高 59.0、宽 16.6	5070	Mb242	
355	官吏俑	高 58.5、宽 20.8、厚 13.7	540.5	Mb376	
356	胡人侍卫俑	高 41.0、宽 19.5、厚 10.0	1755		
357	胡人侍卫俑	长 21.0、宽 40.5、厚 9.5	1784		
358	胡人侍卫俑	高 38.5、宽 23.0	1701		
359	胡人侍卫俑	高 38.0、宽 22.2	1651		

出土号	名称	尺寸（厘米）	重量（克）	入库编号	备注
360	侍从俑	高 34.5、宽 15.4	1339		
361	侍从俑	俑高 37.0、宽 17.2	1930	Mb238	
362	侍从俑	俑高 34.9、宽 16.4	1260	Mb236	
363	侍从俑	俑高 34.5、宽 15.0	1200	Mb237	
364	汉人侍卫俑	高 38.0、宽 19.0	1701		
365	护卫骑俑				残碎
366	陶狗	高 16.5、宽 4.48	322		
367	陶鸡	长 7.2、宽 3.7、高 7.5	107		
368	陶鸡				残碎
369	侍从俑	长 16.8、宽 7.0、高 23.6	1493		
370	门吏俑	高 41.5、宽 12.0	2363		
371	门吏俑	长 12.5、宽 9.8、高 43.5	2536		
372	门吏俑	高 42.0、宽 12.0	2640		
373	门吏俑	长 10.5、宽 7.5、高 34.0	1384		
374	梯形方座				残碎
375	猪圈	长 41.0、宽 22.8、高 6.2	2719		
375-1	陶猪	长 14.3、宽 7.0、高 6.2	314		
376	猪倌	长 11.2、宽 8.0、高 27.6	1078		
377	猪圈	长 39.7、宽 22.2、高 6.7	2450	Mb354	
377-1 377-2	陶猪（2 头）	长 14.7、高 4.8	共 665	Mb355	
378	饲养俑	高 24.5、宽 10.0	970	Mb349	
379	饲养俑	高 26.0、宽 10.6	1070	Mb348	
380	陶鸡	长 6.9、高 3.7	25	Mb362	
381	陶鸭	长 5.3、宽 2.8、高 4.8	42		
382	陶鸭	长 5.2、宽 2.5、高 5.4	31		
383	陶鸭	长 7.0、宽 3.0、高 3.8	64		
384	陶鸭	长 6.0、宽 2.1、高 2.2	20		
385	陶鸭	长 5.8、宽 2.1、高 2.0	18		
386	陶鸭	长 6.3、宽 3.5、高 4.5	88		
387	陶鸭	残长 5.0、宽 1.8、高 1.8	12		
388	陶鸭	长 5.7、宽 2.2、高 2.1	16		
389	陶鸭	长 8.5、宽 2.6、高 2.1	21		
390	陶鸭	长 4.3、宽 2.0、高 4.4	26		
391	陶鸭	长 5.1、宽 2.8、高 3.6	34		
392	陶羊	长 15.0、宽 7.0、高 11.0	600	Mb289	
393	陶羊	长 15.0、宽 10.0、高 11.7	740	Mb278	
394	陶羊	长 14.7、宽 8.0、高 11.5	690	Mb270	
395	陶羊	长 17.1、高 13.3	1010	Mb263	

出土号	名称	尺寸（厘米）	重量（克）	入库编号	备注
396	陶羊	长 12.2、高 7.1	330	Mb283	
397	陶羊	长 15.8、宽 8.7、高 12.6	760	Mb293	
398	陶羊	长 17.0、宽 7.5、高 12.2	750	Mb255	
399	陶羊	长 15.8、宽 7.5、高 10.0	600	Mb260	
400	陶羊				残碎
401	陶羊	长 11.6、宽 6.4、高 6.5	350	Mb280	
402	陶羊	长 16.6、宽 7.6、高 12.3	820	Mb258	
403	陶羊	长 14.7、宽 8.0、高 10.8	750	Mb261	
404	陶羊	长 14.0、宽 7.5、高 10.6	600	Mb287	
405	陶羊	长 12.5、宽 6.8、高 7.8	450	Mb271	
406	陶羊	长 17.5、宽 9.0、高 10.0	700	Mb286	
407	陶羊	长 13.0、宽 7.2、高 10.0	470	Mb277	
408	陶羊	长 16.0、宽 7.3、高 9.2	880	Mb284	
408	陶羊	长 17.0、宽 7.5、高 12.0	770	Mb292	重号
409	陶羊	长 16.0、宽 7.5、高 11.0	650	Mb296	
410	陶羊	长 13.8、宽 6.5、高 7.5	450	Mb275	
411	陶羊	长 13.0、宽 7.0、高 9.8	470	Mb264	
412	陶羊	长 12.0、宽 5.7、高 7.0	300	Mb285	
413	陶羊	长 13.0、宽 6.5、高 7.7	640	Mb288	
414	陶羊	长 13.6、宽 6.5、高 7.2	470	Mb282	
415	陶羊	长 15.5、宽 8.0、高 12.3	770	Mb257	
416	陶羊	长 17.5、宽 9.0、高 12.3	1010	Mb294	
417	陶羊	长 15.3、宽 8.0、高 10.9	700	Mb273	
418	陶羊	长 13.5、宽 7.0、高 9.0	450	Mb266	
419	陶羊	长 10.2、宽 4.5、高 6.9	190	Mb272	
420	陶羊	长 14.5、宽 7.8、高 10.3	810	Mb291	
421	陶羊	长 17.0、宽 7.0、高 11.0	770	Mb259	
422	陶羊	长 11.3、宽 6.3、高 6.7	350	Mb268	
423	陶羊	长 13.7、宽 7.8、高 11.5	540	Mb290	
424	陶羊	长 15.0、宽 7.2、高 11.2	680	Mb254	
425	陶羊	长 9.0、宽 4.9、高 6.9	150	Mb281	
426	陶羊	长 11.2、宽 6.0、高 8.8	350	Mb267	
427	陶羊	长 11.2、高 8.8			残碎
428	陶羊	长 14.2、宽 7.5、高 11.8	610	Mb262	
429	陶羊	长 17.2、宽 9.0、高 11.6	740	Mb256	
430	陶羊	长 12.0、宽 6.0、高 6.0	350	Mb295	
431	陶羊	长 13.0、宽 7.4、高 9.5	560	Mb274	
432	陶羊	长 13.5、宽 6.3、高 9.3	400	Mb265	
432	陶羊	长 17.3、宽 6.8、高 11	690	Mb276	重号

临淄山王村汉代兵马俑

出土号	名称	尺寸（厘米）	重量（克）	入库编号	备注
433	陶羊	长 11.3、宽 6.0、高 7.2	260	Mb269	
434	陶羊	长 15.0、宽 8.4、高 9.0	760	Mb279	
435	陶羊				残碎
436	陶羊	长 15.5、宽 7.8、高 8.5	716		
437	陶羊	长 17.5、宽 8.8、高 12.3	751		
438	陶羊	长 9.0 宽 5.2、高 6.6	161		
439	陶羊	长 12.5、宽 7.0、高 7.3	409		
440	陶羊	长 14.6、宽 7.4、高 9.3	475		
441	陶羊	长 16.0、宽 10.0、高 13.0	864		
442	陶羊	长 17.9、宽 9.2、高 12.5	1073		
443	陶羊	长 17.9、宽 7.5、高 12.4	774		
444	陶羊	长 15.5、宽 8.0、高 11.0	601		
445	陶羊	长 16.0、宽 8.3、高 12.3	735		
446	陶羊	长 14.5、宽 7.5、高 9.0	642		
447	陶羊	长 17.5、宽 17.8、高 13.3	882		
448	陶羊	长 15.0、宽 7.0、高 11.2	577		
449	陶羊	长 9.3、宽 5.3、高 6.2	145		
450	陶羊	长 10.2、宽 5.0、高 6.3	160		
451	陶羊	长 18.3、宽 8.0、高 13.5	918		
452	护卫俑	俑高 29.8、宽 8.7、盾长 14.0、宽 8.5	1210	Mb204	
453	护卫俑	俑高 29.8、宽 8.6、盾长 14.0、宽 8.5	1140	Mb185	
454	护卫俑	俑高 30.0、宽 8.6、盾长 14.0、宽 8.5	1280	Mb205	
455	护卫俑	俑高 30.2、宽 9.0、盾长 14.0、宽 8.5	1190	Mb184	
456	护卫俑	俑高 30.0、宽 8.5、盾长 14.0、宽 8.5	1300	Mb202	
457	护卫俑	俑高 29.8、宽 8.6、盾长 14.0、宽 8.5	1370	Mb195	
458	护卫俑	俑高 29.8、宽 8.6、盾长 15.0、宽 8.8	1240	Mb193	
459	护卫俑	俑高 29.5、宽 8.5、盾长 14.0、宽 8.6	1320	Mb192	
460	护卫俑	俑高 29.8、宽 8.6、盾长 13.8、宽 8.5	1390	Mb181	
461	护卫俑	俑高 29.8、宽 8.6、盾长 14.0、宽 8.5	1180	Mb188	
462	护卫俑	俑高 29.8、宽 8.6、盾长 14.0、宽 8.5	1320	Mb183	
463	护卫俑	俑高 29.8、宽 8.6、盾长 14.0、宽 8.5	1220	Mb203	
464	护卫俑	俑高 30.0、宽 8.5、盾长 14.5、宽 9.0	1130	Mb201	
465	护卫俑				残碎
466	护卫俑	俑高 29.8、宽 8.6、盾长 14.0、宽 8.5	1200	Mb180	
467	护卫俑	俑高 30.4、宽 9.0、盾长 14.4、宽 8.7	1290	Mb194	
468	护卫俑	俑高 29.8、宽 8.6、盾长 14.0、宽 8.5	1270	Mb214	
469	护卫俑	俑高 29.8、宽 8.6、盾长 14.0、宽 8.5	1240	Mb191	
470	护卫俑	俑高 30.0、宽 8.1、盾长 14.5、宽 8.6	1390	Mb196	
471	护卫俑	俑高 29.8、宽 8.6、盾长 14.0、宽 8.5	1410	Mb197	

出土号	名称	尺寸（厘米）	重量（克）	入库编号	备注
472	护卫俑	俑高 29.8、宽 8.6、盾长 14.0、宽 8.5	1180	Mb111	
473	护卫俑	俑高 29.8、宽 8.6、盾长 14.0、宽 8.5	1230	Mb182	
474	护卫俑	俑高 29.8、宽 8.6	980	Mb115	无盾牌
475	护卫俑	俑高 30.2、宽 9.5、盾长 13.5、宽 8.5	1240	Mb130	
476	护卫俑	俑高 30.0、宽 8.5、盾长 14.0、宽 8.5	1200	Mb070	
476	护卫俑	俑高 30.0、宽 8.0、盾长 14.5、宽 8.5	1260	Mb117	
477	护卫俑	俑高 29.8、宽 8.6、盾长 14.0、宽 8.5	1150	Mb101	
478	护卫俑	俑高 29.8、宽 8.6、盾长 14、宽 8.5	1090	Mb112	
479	护卫俑	俑高 30.0、宽 8.5、盾长 14.7、宽 8.7	1190	Mb008	
480	护卫俑	俑高 29.8、宽 8.6、盾长 14、宽 8.5	1180	Mb131	
481	护卫俑	俑高 30.8、宽 8.7、盾长 14.9、宽 9	1140	Mb052	
482	护卫俑	俑高 29.8、宽 8.5、盾长 14、宽 8.5	1040	Mb186	
483	护卫俑	俑高 29.8、宽 8.6、盾长 14、宽 8.5	1300	Mb189	
484	护卫俑	俑高 30.0、宽 8.6、盾长 14.0、宽 8.5	1220	Mb207	
485	护卫俑	俑高 30.0、宽 9.5、盾长 14.0、宽 8.5	1110	Mb208	
486	护卫俑	俑高 30.5、宽 8.6、盾长 14.8、宽 8.9	1110	Mb190	
486	护卫俑	俑高 29.8、宽 8.6、盾长 14.0、宽 8.5	1230	Mb198	重号
487	护卫俑	俑高 29.8、宽 8.6、盾长 14.0、宽 8.5	1310	Mb213	
488	护卫俑	俑高 31.5、宽 9.05、盾长 14.5、宽 8.5	1150	Mb200	
489	护卫俑	俑高 29.8、宽 8.6、盾长 14.0、宽 8.5	1130	Mb187	
490	护卫俑	俑高 29.8、宽 8.6、盾长 14.0、宽 8.5	1320	Mb206	
491	护卫俑	俑高 29.8、宽 8.6、盾长 14、宽 8.5	1110	Mb199	
492	护卫俑	俑高 29.8、宽 8.6、盾长 14、宽 8.5	1390	Mb121	
493	护卫俑	俑高 29.7、宽 8.5、盾长 14.5、宽 9.0	1310	Mb067	
494	护卫俑	俑高 30.0、宽 9.0、盾长 14.7、宽 8.8	1290	Mb105	
495	护卫俑	俑高 29.5、宽 8.5、盾长 14.0、宽 8.5	950	Mb133	
496	护卫俑	俑高 29.8、宽 8.6、盾长 14、宽 8.5	1400	Mb106	
497	护卫俑	俑高 29.8、宽 8.5、盾长 14、宽 8.5	1230	Mb065	
498	护卫俑	俑高 29.8、宽 8.6、盾长 15.0、宽 9.0	1220	Mb098	
499	护卫俑	俑高 29.8、宽 8.6、盾长 14.0、宽 8.5	1460	Mb040	
500	护卫俑	俑高 29.8、宽 8.6、盾长 14.0、宽 8.5	1300	Mb119	
501	护卫俑	俑高 29.8、宽 8.6、盾长 14.0、宽 8.5	1140	Mb071	
502	护卫俑	俑宽 8.0、场 7.8、盾高 14.7、宽 8.9、厚 2.5	1176		
503	护卫俑	俑长 8.5、俑宽 8.0、盾高 14.5、宽 9.0、盾厚 2.5	1403		
504	护卫俑	长 9.0、宽 17.5、高 30.7	1040		
505	护卫俑	俑长 9.5、宽 9.5、盾牌宽 9.0、高 14.2、厚 2.5	1290		
506	护卫俑	俑长 9.5、宽 7.5、盾牌宽 9.2、高 14.5、厚 2.6	1299		
507	护卫俑	俑长 9.0、宽 7.5、盾牌宽 9.5、高 14.8、厚 2.6	1129		
508	护卫俑	俑宽 8.0、俑长 9.2、盾高 13.6、盾宽 9.2、盾厚 2.7	1199		

出土号	名称	尺寸 (厘米)	重量 (克)	入库编号	备注
509	护卫俑	俑宽 8.2、俑长 10.0、盾高 13.7、盾宽 8.9、盾厚 2.7	1512		
510	护卫俑	俑长 10.5、俑宽 7.5、盾高 15.0、盾宽 9.2、盾厚 2.3	1430		
511	护卫俑	厚 2.2	150		
512	护卫俑	俑宽 7.2、俑长 9.2、盾宽 9.2、盾高 14.6、盾厚 2.8	1495		
513	护卫俑	俑长 10.0、俑宽 7.8、盾宽 8.6、盾高 14.3、盾厚 4.5	1465		
514	护卫俑	9.2、9.2、29.8	1043		
515	护卫俑	俑长 7.8、俑宽 6.0、盾高 14.5、盾宽 9.2、盾厚 2.5	1177		
516	护卫俑	俑宽 7.8、俑长 9.2、盾宽 9.2、盾高 14.8、盾厚 2.5	1290		
无号	陶马	高 65.7、长 60.2		Mb383	
MB388	陶马	高 62.7、宽 62.2	12740	Mb388	
无号	陶牛	长 51.5、宽 22.0、高 18.3	7995	Mb390	
无号	陶马	长 58.2、高 62.7	10950	Mb401	
无号	陶马	长 62.2、高 67.7	11570	Mb403	
无号	陶马	长 62.2、高 62.7	11240	Mb415	
无号	陶马	长 60.0、高 56.0	11480	Mb427	
无号	陶马	长 68.0、高 59.0	11090	Mb434	
	车俑	高 31.0、宽 9.5	1140	Mb479	
	车俑	高 30.0、宽 9.0	1020	Mb481	
	车俑	高 35.0、宽 9.8	1290	Mb482	
	车俑	高 22.4、宽 12.5	1240	Mb483	
	陶马	长 60.2、高 63.7	11800	Mb485	暂 1
	陶马	长 62.2、高 63.7	9340	Mb486	暂 2
	陶马	长 58.2、高 64.7	11310	Mb487	暂 3
	陶马	长 59.2、高 64.7	12390	Mb488	暂 4
	陶马	长 61.2、宽 65.7	10560	Mb489	暂 5
	陶马	长 61.2、高 63.7	11100	Mb490	暂 6